Wichtiger Hinweis

Obwohl alles getan wurde, um die Korrektheit der Informationen in diesem Buch zu gewährleisten, können sich manche aufgrund vielfältiger Ursachen ändern. In den porträtierten Städten und Ländern sind Aufstände, Geldverlust und menschliches Versagen an der Tagesordnung. In den behandelten Regionen kommt es häufig zu nächtlichen Beben, überfluteten Nasszellen und unvorhergesehenen Totalausfällen. Weder Autor noch Verlag können für das Ausbleiben solcher Überraschungen haftbar gemacht werden. Wenn Sie veraltete oder allzu rosige Informationen in diesem Buch entdecken, würden wir uns über eine Nachricht freuen.

ro
ro
ro

Dietmar Bittrich fährt als Reisebegleiter eines Kreuzfahrtunternehmens seit Jahren um die ganze Welt. Er ist zuständig für die Aufmunterung und den Trost der Passagiere. Im Rowohlt Taschenbuch Verlag sind von ihm *Das Gummibärchen-Orakel der Liebe, Das Weihnachtshasser-Buch* und *Achtung, Gutmenschen!* erschienen. Mehr auf: www.dietmar-bittrich.de

Dietmar Bittrich

1000 ORTE, DIE MAN KNICKEN KANN

Rowohlt Taschenbuch Verlag

3. Auflage Juli 2010

Originalausgabe
Veröffentlicht im Rowohlt Taschenbuch Verlag,
Reinbek bei Hamburg, Juli 2010
Copyright © 2010 by Rowohlt Verlag GmbH,
Reinbek bei Hamburg
Umschlaggestaltung ZERO Werbeagentur, München
(Abbildung: Karte: Bridgeman Art Library;
zerknüllte Kugel: Getty Images/Gisuke Hagiwara)
Satz Bodoni Old Face PostScript (InDesign) bei
Pinkuin Satz und Datentechnik, Berlin
Druck und Bindung Druckerei C. H. Beck, Nördlingen
Printed in Germany
ISBN 978 3 499 62626 5

INHALT

Wir kennen uns doch?   11

EUROPA   13

FRANKREICH   15

Die peinlichsten Sehenswürdigkeiten von Paris. Von den Frittenbuden der Champs-Élysées durch Feinstaub zum Triumphklotz und in die Schlafsäle des Louvre. Von den Absturzvierteln des Montmartre durch den Diana-Tunnel in die neppigsten Bistros.

Von Straßburgs Düsternissen im Stop and Go über die Weinstraße nach Colmar. Die überfülltesten Parkplätze, die dreistesten Lokale, die besten Gelegenheiten zum Gänsestopfen.

ENGLAND   25

Londons gruseligste Folterstätten von der Westminster Cathedral über Piccadilly bis zum Buckingham Palace. Dreck und Verschnarchtes zwischen St. Paul's, British Museum und Notting Hill. Die besten Schlägereien und Kotzwettbewerbe am Wochenende.

Stonehenge, Brighton, Cornwall. Von der Entsorgung spiritueller Tanten und spielfreudiger Onkel. Rentnerparadiese von Dorset bis Land's End.

SCHOTTLAND   34

Edinburgh, Highlands, Glasgow. Die wichtigsten Routen durch Regen und Mückenschwärme an das Loch von Nessie und schnell wieder weg.

DÄNEMARK   37

Kopenhagen, Tivoli, Louisenholm. Von den Kampftrinkern am Hafenrand über unbeheizbare Vergnügungsparks zu verrauchten Schlössern und Gerümpelmuseen.

SCHWEDEN 38

Stockholm, Schärengarten, Uppsala. Die stärksten Schlaftabletten zwischen Gamla Stan, Vasa- und Skansen-Museum. Verzweiflungsfahrten durch die Felseninseln.

RUSSLAND 40

St. Petersburg und Newa-Sümpfe. Durch die Hauptstadt der russischen Mafia zum Katharinenpalast. Die orthodoxesten Kirchen und unvermeidlichsten Borschtsch-Schuppen.

TSCHECHIEN 42

Prag, St. Veit und Vysehrad. Im Gänsemarsch durch die goldene Stadt der Taschendiebe. Vom rotlichternden Wenzelsplatz zur neppigen Burg. Die grausamsten Highlights, die berühmtesten Locations für Knödel, Dünnbier und Warzenspeck, die besten Plätze für Fensterstürze, Organspenden und Zeckenbiss-Infektionen.

UNGARN 50

Verpestetes Buda, schweiniges Pest. Die floppigsten Flaniermeilen, die miefigsten Bäder und die coolsten Orte, um sich berauben zu lassen.

ITALIEN 52

Florenz, Rom, Venedig. Die peinlichsten Paläste, die schäbigsten Skulpturen. Von den einschläferndsten Gesteinsbrocken zur bedeutendsten schwulen Gemäldesammlung der Welt. Resteverwertung von Heiligen in Kirchen und von Schweinehufen in Restaurants. Schlangestehen von San Marco bis Rialto und zurück. Die leckersten Landesspezialitäten von Lammgeschlinge bis Brückenspinne und Taubenkot.

SPANIEN 74

Madrid, Toledo, Sevilla, Córdoba, Granada. Durch die unsterbliche Diktatur – von den stickigsten Museen über die Kühltruhen der Embryos zu den gefährlichsten Zebrastreifen. Von den Anbauflächen für Gengemüse zur Müllverwertung in Tapas-Bars und zu den Kokainleckereien der Königsfamilie. Felsschluchten von Ronda, Sherrykeller von Jerez und arabische Türme zum Loswerden Mitreisender.

GRIECHENLAND 87

Athen, Propyläen, Akropolis. Die schäbigsten antiken Tempel. Die hupigsten Horrortrips durch die smoggigsten Straßen des Pleitestaats. Wie man die Hunde loswird.

TÜRKEI 90

Istanbul, Bosporus, Antalya, Pamukkale, Konya, Kappadokien. Von den Quallenschwärmen des Goldenen Horns durch Abgaswolken zu den popeligsten Palästen und käsigsten Moscheen. Von den anatolischen Kahlschlagsanierern durch verpilzte Basare zu den Hundekopfjägern. Die besten Adressen für Knochenbrüche in Göreme. Die schönsten Absturzstellen von Bussen im Taurusgebirge und von Heißluftballons im Ihlara-Tal.

AFRIKA 107

ÄGYPTEN 108

Kairo, Gizeh, Karnak, Luxor, Abu Simbel. Von den verlausten Museen der Hauptstadt durch stinkende Kamelstaus und Händlerspaliere rund um die Pyramiden zu den überflüssigsten Tempelruinen und den muffigsten Grabkammern. Die ödesten Nilfahrten von den Grabstätten der Inzestkönige zu gefälschten Nubierdörfern und Ramses-Statuen.

MAROKKO 117

Fès, Marrakesch, Meknès, Rabat, Casablanca. Mit kundigen Schleppern von Händler zu Händler, von den Souks in die Kasbah. Die besten Adressen der Kinderverkäufer in den alten Zentren von sogenannten Königsstädten.

KANARISCHE INSELN 121

Die schönsten neuen Hotels und Golfplätze in den Naturschutzgebieten. Von der Seeigelzucht in den Abwässern von Teneriffa bis zu den exklusivsten Plastikmüllstränden von Gomera.

KENIA 124

Von den rollatorgeeigneten Hotelstädten an der Küste zu den infizierendsten Safariparks im Inneren. Die lieblichsten Tierbegegnungen von Krokodilen bis zur Anopheles-Mücke.

SÜDAFRIKA 127

Vom Nebel Kapstadts zu den Jagdgründen von Namibia und Simbabwe. Gelegenheit zum Abbau von Feindbildern beim Treffen auf Augenhöhe mit Jugendbanden, Affenbanden und Rhinozerossen. Die gehörfreundlichsten Vuvuzela-Konzerte.

SEYCHELLEN 130

Mahé, Praslin, La Digue. Von den verstopften Toiletten auf den Fähren bis zu den massiven Darmentleerungen der Vögel auf Bird Island. Die gemeinsten Busfahrten, die fiesesten Versammlungen von Strandflöhen, die meistempfohlenen Wege für abstürzende Riesenkokosnüsse und die berühmten Spaziergänge, von denen man ohne Uhr und Schmuck zurückkehrt.

AMERIKA 137

USA 138

New York, San Francisco, Los Angeles, Hollywood und die Nationalparks im Südwesten. Durch das schlafmützige Manhattan von Ground Zero und die ehemals kreativen Viertel bis zu Schlafmuseen am Central Park. Die teuersten Ramschkaufhäuser, die überflüssigsten Wolkenkratzer, die meistgehypten Ecken. Von Alcatraz zum Pacific Coast Highway durch die ranzigsten Straßen von San Francisco. Anstehen in Disneyland und die besten Depressionsmittel in Hollywood. Von den alkoholfreien National-parks in Utah zu den Frustbesäufnissen am Grand Canyon.

MEXIKO 155

Mit Millionen anderer Pilger von den verdächtig neuen Maya-Ruinen zu steinernen Gartenzwergen und Kleinpyramiden in Chichén Itzá. Die angesagtesten Adressen, um 2012 mayamäßig plattgetrampelt zu werden.

PERU 157

Lima, Cuzco, Machu Picchu. Von den Todesstreifen der Slumhauptstadt über angebliche Inka-Quader mit Rumpelzügen in die Touristenhölle. Von Aguas Calientes mit allen anderen auf den von Inkas verlassenen Hügel und seine Steinreste. Die besten Möglichkeiten, Fäkalien, Moskitos und indigene Steinewerfer zu überleben. Die edelsten Restaurants für Meerschweinchen-Ragout.

BRASILIEN 164

Die schönsten Strände zwischen Ipanema und Copacabana, an denen man nicht baden darf. Von Favela bis Zuckerhut: die verlockendsten Gelegenheiten, lästige Mitreisende loszuwerden. Und die nützlichsten Überlebenstipps für Rio.

ASIEN 167

CHINA 168

Verbotene Stadt, Ming-Gräber, Große Mauer. Vom Truppenübungsplatz des Himmlischen Friedens durch die Klos der Kaiserstadt zum verregne-ten Sommerpalast. Die mächtigsten schwelenden Kohlenflöze und die am süßsauersten furzenden Schweinemassen. Vom Schweiß in der U-Bahn zur Folter in der Peking-Oper. Die besten Fake-Werkstätten für Mitbringsel und die liebenswertesten Take-Outs für gebratene Mäuse am Spieß.

SEIDENSTRASSE 181

Taschkent, Buchara, Samarkand. Auf Schlaglochpisten durch die Salzwüsten Usbekistans bis zu den letzten Pfützen des Aralsees. Die schönsten Denkmäler für Diktatoren und die eindrucksvollsten Plattenbausiedlungen der alten Karawanenstädte. Möglichkeiten zum Anketten von Kleinkindern und zur preisgünstigen Heirat mit Zwölfjährigen. Die hilfreichsten Mittel zum Überstehen der Reise von Wodka kalt bis Wodka warm.

MALEDIVEN 190

Die meistbesuchten Müll-Inseln. Paradiesisches Tauchen im Einklang mit Altöleinleitungen und Bauschutt. Knorpel, Flossen, ganze Gebisse: Die schönsten Mitbringsel vom lebenden Hai.

AUSTRALIEN UND OZEANIEN 193

AUSTRALIEN 194

Sydney, Melbourne, Alice Springs. Vom Akustikbrei der Hafenoper zum Themenpark Ayers Rock: Die meistbesuchten Flops unterm Ozonloch. Die stimmungsvollsten Kneipen zum Vergessen, dass man in Australien ist. Entsorgung redseliger Mitfahrer am Great Barrier Reef.

NEUSEELAND 197

Nordinsel, Südinsel: Die wichtigsten nicht erkennbaren Unterschiede. Von der Schlafstadt Auckland über stinkende Thermalquellen zur Schnarchstadt Wellington. Die porösesten Bungeeseile der Südinsel und die sehenswertesten Tankstellen. Der Abflugschalter in Wellington.

OSTERINSEL 199

Rapa Nui und Ahu Tongariki. Die angesagtesten Landeplätze für Esoteriker und außerirdische Flugobjekte. Verzweifelte Möglichkeiten, hier drei Tage zu verbringen, obwohl eine halbe Stunde ausreicht. Geheimes Eingeborenen-Wissen: Warum Aussterben manchmal die beste Lösung ist.

Wir kennen uns doch?

Aber klar! Sie waren das neulich am Altpapiercontainer! Sie entsorgten Ihre gesammelten Reiseführer. Und Sie wirkten dabei extrem entspannt.

Glückwunsch. Sie sind genug gereist. Sie wissen: Es gibt keinen Ort, außer vielleicht einem stillen, den man gesehen haben muss. Im Gegenteil. Erst wenn man bestimmte Städte und Landschaften auslässt, kann man das Leben genießen. Mindestens tausend hochgejubelte Reiseziele dürfen wir getrost streichen. In diesem Buch erzähle ich, warum.

Dass Bali und die Karibik nichts taugen, hat sich herumgesprochen. Bei anderen Orten, Sydney oder Rio zum Beispiel, begründe ich, weshalb sie Schrott sind. Für die meistgehypten Ziele, Paris, Venedig, New York, die Seychellen und so, habe ich mir richtig Zeit genommen.

Man kann sie alle knicken. Und falls man doch hinfährt, weil der Partner unbedingt möchte, hilft dieses Buch beim Umschiffen der Sehenswurstigkeiten. Im Zweifelsfall ist es immer besser, im Café zu relaxen, statt sich Tempel, Wasserfälle, Pyramiden anzutun.

Reisen ist eine Suche nach Glück? Ja, aber eine vergebliche. In den ersten Tagen mag sich ein Glücksgefühl einstellen. Dann verflüchtigt es sich. Warum eigentlich? Weil wir immer uns selbst mitnehmen, bedauerte der weise Sokrates. Manchmal nehmen wir auch andere mit. Ich gebe Tipps, wie man sie loswird.

Dieses Buch macht also Spaß. Wir können uns darüber amüsieren, in welchem Land sich unsere Freunde diesmal stressen lassen. Wo unsere Nachbarn über den Tisch gezogen werden. Und wo wir selbst nicht hinmüssen. Dieses Buch spart nicht nur Geld. Es entspannt. Es macht glücklich.

EUROPA

FRANKREICH

PARIS

E s ist nicht wahr, dass Paris die Menschen kalt und unfreundlich macht», beteuerte der frühere Bürgermeister Jacques Chirac. «Es ist umgekehrt: Immer mehr kalte und unfreundliche Leute kommen nach Paris.» Wie sonderbar! Gleichwohl verlieren sich auch warmherzige und gutwillige Menschen in die aschgraue Smog-Metropole. Bei der Abreise sind sie meist froh, wenn nur ihre Brieftasche geklaut worden und lediglich ihr Auto in Flammen aufgegangen ist.

Die peinlichsten Sehenswürdigkeiten

Eiffelturm. Die wenigsten Einheimischen sind auf dem Eiffelturm gewesen. Sie scheuen die endlosen Schlangen. Sechs Millionen Touristen pro Jahr stellen sich an. Weil viele von ihnen aus Verzweiflung über den schlechten Blick in die Tiefe sprangen, ist die Plattform in fast 300 Meter Höhe seit einiger Zeit verglast. Doch die schmutzigen Scheiben tragen keine Schuld, dass nichts zu sehen ist. Spätere Versuche, vom Tour Montparnasse oder von

Sacré-Cœur aus einen Überblick zu gewinnen, beweisen: Es liegt an der grauorangen Feinstaubschicht über der Stadt. Paris ist in Europa die Stadt mit der höchsten Zahl an Atemwegserkrankungen. Das immerhin kann der Eiffelturm-Tourist nachvollziehen. Wenn er sich unten noch den Händlern entwinden kann, die ihm Minitürme made in China aufdrängen, hat er Anspruch auf den Tourism Watch Award.

Champs-Élysées. Frittenbuden, Planet Hollywood, McDonald's, Löwenbräukeller, grottige Straßencafés und Filialen der abgenudeltsten Modeketten säumen das, was Uneingeweihte für eine Prachtstraße hielten. Es handelt sich um eine für Militärparaden angelegte Meile, die an Nationalfeiertagen von Nuklearbombern überdonnert wird. Gewöhnlich herrscht hier einfach nur Verkehrsstau. Seit Nachkriegsgeneral Charles de Gaulles seine Landsleute aufforderte zu hupen, wenn sie in Europa nicht vorankämen, tun sie das auch zu Hause unaufhörlich. Das permanente Quäken auf den Champs-Élysées zieht magnetisch Greisinnen und taube Rentner an, die hier Reste ihres Gehörs wiederzuerlangen glauben. Alle anderen büßen es ein.

Arc de Triomphe. Die Champs-Élysées beginnen an der trübsinnigen Place de la Concorde mit dem Denkmal für den Erfinder der Stecknadel und enden zwei Kilometer weiter an der trübsinnigen Place de l'Étoile mit dem Triumphklotz. Dort treffen sich Autos aus zwölf Straßen zum gemeinsamen Stop and Go. Es geht immer im Kreis. In der Platzmitte der massige Triumphbogen, den Napoleon noch rasch in Auftrag gab, bevor er besiegt wurde. Seit einiger Zeit wird hier täglich eine Schadstoffkonzentration gemessen, die laut Weltklimarat selbst beim Tragen von Atemmasken das Leben gefährdet. Wer keine Maske hat, begibt sich ins Museum unter dem Bogen, das Frankreichs Armee zur siegreichsten aller Zeiten kürt.

Louvre. Pop-Artist Andy Warhol riet zum Besuch dieses Museumspalastes, weil man hier «die eindrucksvollste Versammlung von Heuchlern» antreffe. Acht Millionen Besucher pro Jahr (zwanzigtausend am Tag) tun so, als würden sie sich für Rembrandt und Rubens interessieren und für die Schlafsäle mit ägyptischen, orientalischen, römischen, griechischen, etruskischen Altertümern, zu schweigen von Möbeln, Textilien, Suppengeschirr. Das laut Henri Matisse «zweitdümmste Gesicht der Porträtmalerei» hängt ebenfalls hier, die *Mona Lisa*, wegen der kurzsichtigen Studienreisenden unter Panzerglas. Matisse verriet nie, welches er für das dümmste Gesicht hielt. Das von Paris selbst? Der verblichene François Mitterrand nannte die gläserne Eingangspyramide des Louvre einen «Pickel im Gesicht von Paris». Von den zahllosen Hautunreinheiten ist sie noch eine der bestgeputzten. Ein Muss im Louvre: die Toiletten in der Antikenabteilung.

Weitere Mausoleen. Museen seien die Leichenhallen der Kunst, erklärte der surreale Bastler Max Ernst. Überreste von ihm selbst sind in einem Heizkraftwerk namens *Centre Pompidou* zu sehen. Das Beste an dem trostlosen Gebäude mit Wechselausstellungen: die langen Rolltreppen. Tote Impressionisten finden sich auf der anderen Seine-Seite im *Musée d'Orsay*. Wer sich dem Besucherstrom anschließt, gelangt zu den *Seerosen* von Claude Monet. Vorteil dieses Museums: Es war mal ein Bahnhof und vermittelt das Gefühl, der Aufenthalt dürfe kurz sein. Die zahnstumpfige Kathedrale *Notre-Dame* ist wegen des Glöckners berühmt. Touristen fotografieren das Portal, die Fensterrosette und die Wasserspeier. Nur die Kühnsten folgen dem Glöckner und stürzen sich aus Verzweiflung über das düstere Bauwerk vom Turm. Allerdings: Der Friedhof *Père Lachaise* ist bereits ausgebucht. Die vielen greisen Gäste dort suchen nicht Verwandte, sondern den bekritzelten Grabstein eines schwindsüchtigen Sängers der sechziger Jahre.

PARIS

Montmartre und Sacré-Cœur. Ahnungslose halten den Hügel für ein romantisches Künstlerviertel, in dem einst Toulouse-Lautrec gewohnt hat. Nur wenn man zu Fuß hinaufsteige, bekäme man die Atmosphäre so richtig mit. In Wahrheit kostet der Anstieg auf löchrigem Pflaster in dicker Luft zwar nicht sofort das Leben, verkürzt es aber entscheidend. Kunstbeflissene jenseits der fünfzig sind erst mal für zwei Tage außer Gefecht gesetzt, zumal sie hier keinen einzigen Künstler antreffen, dafür aber jede Menge Nippesgeschäfte und die schlechtesten Restaurants der Stadt. Vor der zuckrigen Sacré-Cœur finden sich dann doch lauter Künstler. Ihre Aquarelle würden in Deutschland nicht mal in einer Apotheke ausgestellt werden.

Sonst noch was? Eigentlich nicht. Der *Pont-Neuf* ist die älteste Brücke von Paris, doch das macht sie nicht sehenswerter. Alte Menschen, die noch vom Existenzialismus wissen, zieht es hinüber auf das linke Seine-Ufer. Irgendwo da soll der Philosoph Sartre seine Lebensgefährtin Beauvoir angeschielt haben. Flussabwärts steht der *Invalidendom*, in dem Hitler vor dem Grab Napoleons betete. Auf das Hochhausviertel *La Defense* reicht der Fernblick.

So wird man lästige Mitreisende los

⸎➤ Freunde von Königshäusern schicken wir zum **Diana-Tunnel**. Sie sollen genau die Route nachgehen, oder noch besser nachfahren, die Dodi und die Prinzessin von Wales am 31. August 1997 nahmen. Sie führt vom Hotel Ritz zum Alma-Tunnel und endet dort am 13. Pfeiler. «Sieh dir das aufgemalte Herz und das Kreuz genau an, Tante!» Tante muss sich dazu durch eines der Löcher im mannshohen Drahtzaun bemühen, der Pilger von dieser Heiligenstätte abhalten soll. Genauer: der sie vor dem mörderischen Verkehr schützen soll. «Nur Mut! Du schaffst das! Leg ein paar Blumen nieder.»

⟫→ Kauflustige werden wir für einen Tag los, weil sie unbedingt die **Galeries Lafayette** besichtigen müssen. In dem angejahrten Kaufhaus treffen sich mehr Schaulustige als tatsächliche Käufer. Die Touristenmassen kommen wegen des klingenden Namens und wegen der Jugendstilkuppel. Einheimische bleiben wegen der Preise fern. Designermarken werden hier grundsätzlich mit fünfzig Prozent Rabatt angeboten, sind aber immer noch doppelt so teuer wie in heimischen Läden oder im *Printemps* gegenüber. Die Lebensmittelabteilung glänzt mit einer großen Auswahl an Konservendosen. Den Inhalt gibt es kaum merklich erwärmt auf der Dachterrasse.

⟫→ Jüngere Quälgeister müssen unbedingt den trendmäßig extrem faszinierenden **Hochhaus-Gürtel rund um die Stadt** kennenlernen. «Das ist das Paris von heute, wie es wirklich ist. Da wird überall szenige Musik gemacht, und die Schafe werden live auf der Straße geschächtet.» Naive Reisende auch. Faustregel: Alle Neuf-Trois-Vorstädte (deren Postleitzahl mit 9–3 beginnt) offenbaren das Leben von Einwanderern in seiner unverdorbenen Ursprünglichkeit. Einfach mal hinfahren, am besten mit dem eigenen Wagen, und bei Dämmerung den Rauchsäulen folgen. Vierzigtausend abgefackelte Autos pro Jahr ersetzen mühelos die mangelnde Straßenbeleuchtung.

Typisch Paris

Pickpockets. Wer einen Stadtplan studiert, einen Rucksack trägt oder sich suchend umsieht, ist sein Portemonnaie schon los. Taschendiebe verdienen sich ihr Geld besonders in der Métro (Touri-Linie 1), rund um die Sehenswürdigkeiten und in den Kaufhäusern, sogar in den Frühstücksräumen der Hotels. Sie räumen in Cafés die am Stuhl abgestellten Taschen ab, wollen vor Notre-Dame mit aufs Foto und investieren sogar in Museumstickets, um kunstbeflissene Betrachter vom Inhalt schwerer Handtaschen zu befreien. Die sind dann froh, wenn sie wenigstens noch eine Kopie des Personalausweises im Hotel haben.

Streik. Französische S- und U-Bahn-Fahrer verdienen rund ein Drittel mehr als ihre Kollegen in Berlin oder München. Vielleicht sind sie geschickter im Knöpfchendrücken. Weil Paris unzufrieden macht, streiken sie häufiger als andere Piloten öffentlicher Verkehrsmittel. RER und Métro stehen oft überraschend still. Durchschnittliche Streikdauer zum Beispiel auf der RER A: viermal im Jahr je zwei Wochen. Die übrigen Wochen sind belegt mit den Streiks der Piloten, Milchbauern, ausländischen Arbeitnehmer, Müllwerker, Strom- und Gasbeschäftigten, Transportarbeiter, Lehrer, Studenten, Beamten und aller weiteren Entrechteten.

Dreck. Für die Mülltrennung haben die Pariser eine einleuchtende Lösung gefunden. Wer sich von seinem Müll trennen will, wirft ihn auf die Straße oder den Gehsteig. Meist wird einmal im Jahr, am Tag nach dem Nationalfeiertag, gefegt. Dann verschwinden für kurze Zeit auch die Hundehaufen, die die Gehwege nicht säumen, sondern garnieren. Hundebesitzer, auch in schicken Vierteln, führen ihren treuesten Freund zu einem zentralen Platz auf dem Bürgersteig und genießen den Anblick, wie er versonnen drückt und dampfend ablegt.

PARIS

Unverdauliche Landesspezialitäten

Touristen gelten in Paris als gebührenfreie Möglichkeit zur Entsorgung alter Lebensmittel. Als Vorspeise gibt es deshalb häufig aufgewärmte Pilz-Tartelettes, eingetrocknete Salamischeiben, Quiche der Vorwoche und durchgefurzte Zwiebelsuppe. Der Hauptgang aus ledernem Hähnchen mit Fritten oder schlappem Huhn in Weißweinpampe kostet ungefähr so viel wie mehrgängige Gourmetmenüs im Elsass. Passend: gutgeschleimtes Kartoffelgratin oder halbgare Bohnen mit Knoblauchpulver. Als besonders desaströs erweist sich stets der Entschluss: «Heute gehen wir mal in ein echtes Bistro.»

Das reicht für das Expertengespräch

Um einen Abend zu bestreiten, genügt nach Erfahrung des Experten Ulrich Wickert ein einziger Satz: «Paris ist nicht Frankreich.» Der Rest ergebe sich dann von selbst. Gut macht sich auch ein Hinweis auf den Stadtplaner Haussmann, der vor hundertfünfzig Jahren die breiten Boulevards anlegen ließ und die grauen Wohnblocks mit den schmalen Balkons. Fachkommentar: «Also, Paris bleibt für mich eine Stadt des 19. Jahrhunderts.» Mit einer Erwähnung nordafrikanischer Einwanderer ist der Einstieg in eine problemorientierte Diskussion gesichert.

Das meinen Kenner

*«Nachdem Frankreichs Status als Grande Nation verloren-
gegangen ist, bleibt Paris doch immer noch eine Weltmetro-
pole: die universale Hauptstadt der Hundescheiße.»*
– SERGE GAINSBOURG, CHANSONNIER

«Mag ich nicht, will ich nicht, finde ich zum Kotzen.»
– KARL VALENTIN, KÜNSTLER

*«Paris – ist das nicht diese bescheuerte Blondine, die im
Hilton wohnt?»*
– DIETER BOHLEN, PRODUZENT

ELSASS

Nicht alle Touristen, die sich jedes Jahr die Elsässer Weinstraße
entlangschieben, können an deutschen Schulen unterrichten.
Doch das Elsass liegt laut Umfragen seit den sechziger Jahren
unangefochten an der Spitze der Lieblingsreiseländer deutscher
Lehrer. Sie besuchen hier ihren persönlichen Winzer, nutzen kostenlose Weinproben, essen Zwiebelkuchen und Sauerkraut und
haben anschließend Albträume von der Rückkehr an die Schule.
Zuweilen schnüren sie ihre Schuhe, um zu Fuß oder per Rad jene
verborgenen Idyllen zu entdecken, die «abseits der ausgetrete-
nen Pfade» liegen – seit jeher der beste Tipp, um allen anderen

Touristen in die Arme zu laufen. Bei jährlichen neun Millionen Besuchern in der Region ist das auch schwer zu vermeiden. In den Städten arrangiert man sich mit den Massen – etwa in Straßburg, wo alle mal kurz ins düstere Münster schauen und im musealen Gerberviertel ein Eis essen. Mehr bietet die Stadt nicht.

Im südlichen Hauptort Colmar wird es schon enger. Alle wollen Fachwerk wie im Mittelalter sehen, also eigentlich ohne twitternde Touristen. Alle wollen im Musée d'Unterlinden (das meistbesuchte Museum Frankreichs nach dem Louvre) den Isenheimer Altar betrachten und beim Anblick des gekreuzigten Jesus äußern: «Ja, hier ist das Leiden wirklich unheimlich echt dargestellt.» Oder so ähnlich. Richtig fühlbar wird der Strom konkurrierender Idyllen-sucher aber in den kleineren Orten entlang der Weinstraße. Gegen die Parkplatznot haben Orte wie Riquewihr (auch Reichenweier genannt), Eguisheim und Hunawihr breite Flächen außerhalb der Mauern planiert und charmante Wächterinnen des Ordnungs-amtes zum Kassieren und Zettelverteilen angestellt. Während der deutschen Schulferien und zur Weinlese (Vin Nouveau betäubt am schnellsten) sind Straßen und Restaurants rettungslos über-lastet. Die gedopten Angehörigen des Personals lassen zu dieser Zeit jeden Gast spüren, dass er hier weder gebraucht wird noch willkommen ist.

Städtchen wie Turckheim, Erstein, Kaysersberg und Hohko-nigsburg lassen die Degustationssaison mittlerweile nahtlos in den Vorweihnachtstourismus übergehen und bieten Lichterpfade, Weihnachtsmärkte, Eisbahnen, Fackelläufe und sogenannten Lich-terzauber. Weil die Übernachtungszahlen im Januar, Februar und März noch zu wünschen übrig lassen, offerieren bislang vernach-lässigte Orte nicht mehr nur Weinseminare und Lehrgänge in Bio-anbau, sondern neuerdings auch Gänsestopfen für Anfänger. Die Gänsestopfleber ist die berühmteste Spezialität der Region. Mit

ELSASS

23

Hilfe eines biegsamen Rohres wird der glücklichen Gans oder Ente der leckere Futterbrei direkt in den Magen gestopft oder gepumpt. Die Leber des derartig gutversorgten Tieres wiegt bei der Schlachtung bis zu zwei Kilo. Diese Herstellungsform wird nicht das Lieblingshobby jedes Touristen werden, ist aber ein bis auf die Antike zurückgehendes traditionelles Ritual. Wenn der Urlaub authentisch elsässisch sein soll – beim Stopfen wird er es.

ENGLAND

LONDON

Die letzte Klassenreise liegt noch nicht lang zurück. Trotzdem ist London inzwischen noch hektischer, noch schmutziger, noch schäbiger geworden. Billiger auch, denn die Inflation wird hier mächtig angeschoben. «Diese Stadt wird nie mehr sein wie in den fünfziger Jahren», seufzte jüngst Queen Elizabeth. Sie spielte nicht nur auf ihre Krönung an, sondern wohl mehr noch auf den wirtschaftlichen Niedergang, der mit dem Verlust der Kolonien begann und sich unaufhaltsam fortsetzt. Nur an Größe hat London zugelegt: Seit dem Abtritt Margaret Thatchers kam eine halbe Million Immigranten aus Commonwealth-Ländern. Mittlerweile gehört fast die Hälfte der Einwohner zu ethnischen Minderheiten. Weltreisende, die Geld und Zeit sparen wollen, begeben sich deshalb auf Fahrt mit der Londoner U-Bahn: Es ist der schnellste und bunteste Trip um den Globus. Die alten Sehenswürdigkeiten der Stadt wirken dagegen wie verwitternde Dinosaurier.

Die meistgenannten Flops

The Tower. Die massive Festungsanlage am Ufer der Themse liegt schön zentral. Und das ist auch alles. Hier wurde tausend Jahre lang im Auftrag des Königshauses erpresst, gefoltert und gemordet. Jetzt wird der Ertrag solcher Anstrengungen gezeigt: die Kronjuwelen. Nach langem Warten werden die Touristen auf Laufbändern an den Panzerglasvitrinen vorbeigezogen. «Die langwierigste Fahrt meines Lebens», notierte Autor Frank McCourt.

Westminster. Westminster Abbey ist eine gotische Kathedrale, in der die englischen Könige gekrönt wurden, bevor ihr Nachfolger sie im Tower enthaupten ließ. Die meisten wurden anschließend hier begraben. In der Kirche sind also vor allem Grabplatten zu sehen. Rund um den Bau siechen die City of Westminster, überdröhnt von Big Ben, und die City of London, das Business- oder vielmehr Crash-Zentrum, seit das Viertel die meisten Pleiten Europas verzeichnet.

Piccadilly Circus. Eine Straßenkreuzung, die in der Zeit des britischen Kolonialimperiums für den Mittelpunkt der Welt gehalten wurde. Heute treffen hier Touristengruppen zusammen, die sich gegenseitig verstohlen fragen, warum sie hier sind. Keiner weiß es. Zu sehen ist immerhin eine überlebensgroße Coca-Cola-Reklame (abends beleuchtet).

Buckingham Palace. Der Palast, in dem die Queen ihre Handtasche ablegt, in dem ihr Ehemann dreimal am Tag gefüttert wird und in dem Queen Mom zur Alkoholikerin wurde. Touristen müssen sich mit dem Ritual der Wachablösung begnügen. Die berittenen Soldaten reiten die sogenannte Mall entlang, schreien etwas und reiten wieder zurück. Dauert etwa 45 Minuten.

St. Paul's Cathedral. Die Kuppelkirche gilt als verrufener Ort, seit Charles und Diana hier getraut wurden. Zur Walpurgisnacht ist sie

LONDON

seither Treffpunkt englischer Wicca-Hexen. Touristen schleppen sich gegen einen hohen Eintrittspreis die Treppen zur Whispering Gallery hinauf, in deren Kuppel geflüsterte Worte von einer Seite zur anderen getragen werden. Manche schaffen es noch zur Stone Gallery, von wo aus man sich nach unten stürzen kann. St.-Paul's-Architekt Christopher Wren wird als Londons letzter Baumeister von Rang verehrt. Er starb 1723.

British Museum.   Amerika, Afrika, Asien, Südeuropa: Wo immer britische Truppen ein Land besetzen konnten, packten sie die Kunstschätze in Kisten und sandten sie nach London. Die gesammelten Reichtümer werden seither im British Museum ausgestellt. Unesco-Beamte haben es als Hehlerhöhle des Kolonialismus verunglimpft. Dabei ist das Diebesgut exzellent konserviert. In den Ursprungsländern hätte es nach Ansicht der Museumsleitung nicht überlebt. Selbst heute würden die Schätze in ihrer Heimat, so Kultusminister Andy Burnham, «binnen kurzem aus religiösen Gründen in die Luft gesprengt werden». Das Imperium gibt nichts zurück.

Jahrmarkt und Shopping.   Zum Jahrtausendwechsel wurde am Themse-Ufer ein Riesenrad aufgebaut, das *London Eye*. Viele Reisende verzichten auf eine nähere Besichtigung der Stadt, nachdem sie sie von oben gesehen haben. Die neuere *London Bridge Experience* ist eine kreischige Geisterbahn durch die Geschichte und ungefähr so aufregend wie die einschläfernden Wachsfiguren bei *Madame Toussaud*. Hausstauballergiker meiden beide Häuser. Reiseführer schicken ihre Gruppen gern in die verstopfte *Oxford Street* zum Nepp-Shopping oder gar zu *Harrods*. Wer dort das Erdgeschoss durchqueren kann, ohne von Kopf bis Fuß mit Parfüm eingesprayt zu werden, bekommt die goldene Nadel des Reiseveranstalters.

LONDON

27

So wird man lästige Mitreisende los

≫→ Notting Hill und Portobello Road. Schnatternde Mitreisende, die eigentlich die Königin sehen wollten, schicken wir nach Notting Hill. «Da wohnt Hugh Grant, und Julia Roberts besitzt ein Haus. Er ist ja leider sehr gealtert, und sie trägt immer eine Sonnenbrille.» Ganz falsch ist das nicht. «Und wenn du sie nicht triffst, ist da immer noch der berühmte Flohmarkt an der Portobello Road.» Nirgends in London ist Ramsch teurer.

≫→ U-Bahn. «Dahin kommst du am schnellsten mit der U-Bahn! Wir gehen zu Fuß!» Gemeiner Trick, denn in der Innenstadt ist man zu Fuß schneller. Die älteste U-Bahn der Welt, genannt *Tube* («Röhre»), hat zugleich die umwegigste Streckenführung der Welt. Die geraden Linien auf dem ausgehängten Plan haben nichts mit der unterirdischen Krausheit zu tun. Doch das soll unser lästiger Mitreisender selbst herausfinden. «Steig einfach in *King's Cross* um!» Das ist die chaotischste aller Stationen. Viele Reisende, die hier vor Jahren nur umsteigen wollten, leben immer noch in den Gängen, falls sie nicht von einer Bombe dahingerafft wurden.

≫→ London Pass. Der Touristenpass für Dummies schließt Fahrten mit Bus und U-Bahn ein und den ohnehin kostenlosen Besuch der Museen. «Den musst du haben! Wir hatten ihn letztes Jahr! Damit lernst du die Stadt wirklich kennen!» Allerdings nur so verzichtbare Besonderheiten wie den *Battersea Park Children's Zoo* oder das *London Canal Museum*, die ohne diesen schrottigen Pass gänzlich unbesucht blieben.

LONDON

Typisch London

Regen. Es ist nicht wahr, dass es in London immer regnet. Es regnet lediglich, wenn man ohne Schirm unterwegs ist. Das Wetter ist wechselhafter als anderswo. Nur den Nebel, der in Edgar-Wallace-Filmen die Kulissen umwabert, gibt es ziemlich sicher nicht. Es handelte sich um Fabrikrauch, der sich mit feuchter Luft in den Straßen hielt.

Dreck. Seit der Nebel fort ist, sieht man, dass die Stadtreinigung in London dauerhaft streikt. Und dass die Zugezogenen aus anderen Ländern ungern auf ihre Gewohnheit verzichten, Müll auf die Straße zu entsorgen. Die Hotels ziehen längst mit. Schaben im Frühstücksraum, Kolonien von Silberfischchen im Bad, die Chips der letzten zehn Vormieter unterm Bett: Das gehört zum Fünf-Sterne-Standard.

Aggressivität. Das Bild vom Gentleman, der Tee trinkt und über das Wetter parliert, ist hundert Jahre alt. Damals hoben Sklaven in fernen Kolonien die Bodenschätze und exportierten sie ins Land der Eroberer. Die gaben sich kultiviert. «Von 1850 bis 1950 haben wir es geschafft, höflich zu erscheinen», erklärt Theaterautor Mark Ravenhill. «Davor waren wir roh, jetzt sind wir es wieder. London am Wochenende: Die Leute liegen in der Gosse, schlagen sich und kotzen.» Kenner nennen das Understatement.

Unverdauliche Landesspezialitäten

Nur Strafgefangene werden heute noch gezwungen, Erzeugnisse der englischen Küche zu verzehren. Zumindest in London haben sich die Rezepte der Einwanderer durchgesetzt. Die *Fish-and-Chips-*

Stände sind von Currybuden abgelöst worden. Die dort gereichte Linsenpampe namens *Dal* oder *Chicken Tikka Masala* – zerhacktes Huhn in Currysoße – sind von eigener Gruseligkeit. Der Kaffee ist traditionell miserabel; Starbucks gilt als Gourmetrestaurant. Tee besteht seit der Unabhängigkeit Indiens nur noch aus Wasser und Milch. Brot gibt es in Form weißer Krümel oder als *Plumpudding*: mit Rinderfett und Sirup zu einem Klumpen geformt, der zwölf Monate haltbar ist und auch als Waffe eingesetzt wird. Neben Frühstücksspeck, Minzsoße und dem vollsynthetischen Cheddar-Käse müssen noch die leckeren Salmonellen erwähnt werden, die in keiner englischen Küche fehlen.

Das reicht für das Expertengespräch

Der Fremde wundert sich als Erstes darüber, dass er keine Mülleimer findet, als Zweites, dass es keine Bobbys mehr gibt, und schließlich, dass die Autos tatsächlich von links kommen. Letzteres fällt ihm oft zu spät auf. In keiner europäischen Stadt kommen mehr Touristen im Straßenverkehr um als in London. Über diese Anekdoten hinaus lässt sich ein Gespräch damit füllen, dass unsere Großmutter eine Standuhr mit dem Big-Ben-Klang hatte. Der Sound war zur Gründerzeit in Mode. Immerhin war Wilhelm II. ein Enkel von Queen Victoria. Das Gespräch schraubt sich in wissenschaftliche Höhen, wenn es auf den Nullmeridian kommt. Der verläuft durch den Stadtteil Greenwich. Ein britischer Astronom hat 1851 beschlossen, dass hier in London alles bei null beginnt: die Zeitzonen, die Längengrade, das geordnete Leben überhaupt. Was bedeutet das für den Sonnenaufgang? Und liegt die Datumsgrenze genau gegenüber? Abend gesichert!

LONDON

Das meinen Kenner

«Seit die Busfahrer Gebetspausen einlegen, bin ich zuversichtlich, dass London bald unter islamisches Recht gestellt wird.»
– STANLEY KUBRICK, REGISSEUR

«Wenn man hier nicht wohnt und nie herkommt, geht es.»
– JUDY DENCH, SCHAUSPIELERIN

«Verraten Sie nicht, dass Sie Deutsche sind. Sagen Sie Österreich oder Schweiz. Besonders, wo Bier ausgeschenkt wird. Sonst bekommen Sie erstens keines ab und kommen zweitens nicht lebend raus.»
– ANTHONY BURGESS, AUTOR

STONEHENGE

Wer von London nach Cornwall unterwegs ist, kann spirituell interessierte Mitreisende in der Nähe von Salisbury aussetzen, und zwar für immer. Zehn Kilometer vor dem Städtchen landen regelmäßig unidentifizierbare Flugobjekte, setzen hochfrequente Wesen aus und nehmen grobe Menschen zwecks Umwandlung an Bord. Das geschieht in Stonehenge. Für alle anderen sind die anderthalb Steinkreise auf Fotos wesentlich eindrucksvoller als in

Natur. Das mürbe Denkmal wird als Rätsel angepriesen. Wer es sieht, ahnt allerdings, dass sich die Lösung nicht lohnt. Energie kommt nicht mehr rüber, seit die Kreise vor dreißig Jahren eingezäunt wurden – nach dem letzten hippen Eso-Festival samt Schlägerei und Vergewaltigung. Ob die Steine astronomisch ausgerichtet waren oder zu feierlichem Kreiswandern genutzt wurden, ist nur für die Jecken interessant, die sich hier zur Sommersonnenwende in Bettlaken hüllen und als Druiden johlen. Für alle anderen lohnen sich weder der Umweg noch die sieben Pfund Eintritt, für die man das Gesicht an den inneren Zaun pressen darf.

BRIGHTON

Wer die Achtung vor den Engländern für immer verlieren will, muss nur ein Seebad besuchen», äußerte der britische Autor Douglas Adams. «Am besten Brighton.» Das ist immer noch Britanniens liebste Stadt am Meer. Das Hügelland läuft hier Richtung Ärmelkanal aus. Rentner ziehen wegen des weichen Klimas hierher, Schwule ebenfalls. Alte Damen suchen die Nähe des Royal Pavillon – ein vor zweihundert Jahren erbautes Lustschloss im indisch-chinesischen Mischstil. Queen Victoria schloss es, weil sie Brighton wegen der Säufer nicht mochte. Sie ist tot, die Säufer sind immer noch da. Die besten Kampftrinker sind allerdings nicht ortsansässig, sondern kommen aus London. Einige arbeiten im Sommer in den rostenden Jahrmarktsgeschäften, auf Karussells, im Gruselkabinett oder verschrauben die wackelige Achterbahn. Für alle Besucher gibt es eine Menge garantierte Gewinnmöglichkeiten in Automatenhallen, Kasinos und Wettbüros. Als unbedingt besuchenswert gelten die wöchentlichen Vorträge «Problem Gambling – Signs, Symptoms, and Treatment» sowie die drei lokalen Gambling Addiction Treatment Center. Deutschen Spielsüchtigen wird wegen der Sprachbarrieren jedoch zu einer Therapie in der Heimat geraten.

CORNWALL

Im Sommer mild und feucht, im Winter mild und feucht. Cornwall wird ausschließlich besucht von älteren Herrschaften, die gern Anorak tragen. Die Halbinsel ist Englands verschnarchter Ausläufer in den Atlantik. Es gibt eine Menge Gras und Heidekraut, flächig oder hügelig, dazu Schafe, Kühe, Disteln, Brombeeren, Hinkelsteine und Schnittlauchfrischkäse. Im Touristenstädtchen Penzance lassen gutgekleidete Pensionäre Kugeln über den Rasen rollen (Lawn Bowls), im ehemals hübscheren St. Ives verdämmern die dementen Veteranen der Marihuana-Ära, die hier vor vierzig Jahren blühte. Von der westlichen Spitze namens *Land's End* aus fotografieren alle Besucher den Sonnenuntergang. Das Ganze ist wie Schleswig-Holstein, nur mit Linksverkehr. In die beliebten Roundabouts (durchschnittlich alle fünfhundert Meter) fährt man nach links ein. Sonst reagieren die Entgegenkommenden überrascht. Wer einen Leihwagen nimmt, bucht Vollkasko, denn der Fahrersitz rechts lässt das Auto nach links sonderbar breit wirken. Abstände sind schwer einzuschätzen. Deshalb sind die Straßen Cornwalls nicht nur eng und bisweilen steil, sondern gesäumt mit abrasierten Seitenspiegeln und verbeulten Blechteilen. «Die Urlauber vom Kontinent waren hier.»

SCHOTTLAND

Alte Klischees besagen, die Schotten seien geizig, ihre Landschaft eintönig, das Wetter regnerisch. Wer einmal dort oben war, weiß es besser. Die Schotten sind nicht geizig, sie geben nur einfach kein Geld aus. Ihre Landschaft ist nicht eintönig, sie ist vielmehr auf mannigfaltige Weise monoton. Und das Wetter ist keineswegs regnerisch, sondern bietet faszinierende Varianten von Niederschlag: Nebel, Hochnebel, Kriechnebel, Nieseln, Sprühregen, Platzregen, Landregen, Dauerregen, Starkregen, gefrierenden Regen, Graupelschauer, Hagelschauer, Wolkenbrüche, Schneeregen, Schneeschauer, Schneestürme und zuweilen Gewitter. Und das alles nicht mit großen, langweiligen Abständen, sondern ineinander übergehend.

In Schottland gebe es *four seasons in one day*, besagt der landesübliche Wetterspruch. Mit den *four seasons* sind die vier schottischen Jahreszeiten gemeint: Frühherbst, Spätherbst, Winter und überraschender Kälteeinbruch. Diese *Seasons* werden nicht nur von heftigen Niederschlägen begleitet, sondern vor allem von starkem Wind. Regenschirme sind unüblich in Schottland; sie würden umknicken, sobald man vor die Tür tritt.

Unerschrockene Reisende benötigen mehrere Schichten wasserabweisender Kleidung mit Doppelkapuzen, denn besonders bei kleinen Streifzügen über Land gibt es keine Möglichkeit, sich unterzustellen. Das liegt daran, dass Schottland zwar Gebüsch hat, aber nur wenige oder gar keine Bäume. Das Land ist so kahl wie das Haupt seines berühmtesten Fürsprechers, Sean Connery. Der siedelte übrigens so früh wie möglich auf die Bahamas um und bekundete seine Solidarität von dort aus.

Fontane, der das Land vor hundertfünfzig Jahren bereiste, notierte: «Öde Landschaft, wenig los, ab und zu kommt mal die Artillerie vorbei.» Inzwischen bleibt sogar die Artillerie lieber zu Hause. Aber manchmal kreuzt ein Hirte mit seinen Schafen und Hunden den Weg. Das ist fast so spannend wie Artilleriebeschuss, denn die Hunde müssen sich wegen der Sparsamkeit der Halter ihre Nahrung selbst erjagen. Unbewaffnete Touristen gelten als lecker.

Weitere in Schottland geschützte Raubtiere sind die Stechmücken, *Midges* genannt, die aber nur an wenigen Tagen zum Vorschein kommen: an den schnee- und sturmfreien Tagen. Wenn es im Sommer mal einen bleiern bedeckten Tag gibt, dann kommen die *Midges* aus den Büschen, in dunklen Schwärmen, vorzugsweise bei Dämmerung. Wer eine Wandergruppe rennen sehen will, muss nur ausrufen: «Midges!», und die Panik beginnt. Wer dann selbst vom Schwarm überfallen wird, weiß, warum. Die schottischen Highland-Dances sollen entstanden sein, als Männer in Röcken von *Midges* heimgesucht wurden. Das Jucken der Stiche kann durch das Auftragen von selbstgebranntem Whisky gelindert werden, die innerliche Anwendung des Getränks wirkt jedoch schneller.

Das ist die Natur. Gibt es sonst noch Sehenswürdigkeiten? Nein. Allerdings gibt es Städte. Edinburgh zum Beispiel. Ein Besuch lohnt sich. Wer sich einmal durch diese düsteren Häuserreihen geschleppt hat, weiß endlich sein Zuhause zu würdigen. Und Glasgow? Wer durch Glasgow gewandert ist, sagt man, weiß endlich Edinburgh zu würdigen. Zwischen diesen Hochburgen des Trübsinns stehen Dudelsackspieler in den Kurven der Highlandstraßen. Gegen viel Geld lassen sie sich dazu bewegen, wenigstens vorübergehend mit dem Spielen aufzuhören.

SCHOTTLAND

Und natürlich gibt es die Lochs, jene tiefen Seen, die in der Eiszeit entstanden sind. Aus einem von ihnen, aus dem Loch Ness, hat vor Jahrzehnten mal ein Urzeitungeheuer versehentlich den Kopf gehoben. Das war 1934. Es drehte den drachenhaften Schädel ungläubig nach allen Seiten, entsetzte sich, tauchte rasch wieder unter und durchschwamm eilig den Caledonian Canal, um in den Atlantik zu fliehen. Nach langer mühsamer Irrfahrt gelangte es schließlich bis vor die Küste von Costa Rica. Auf der Isla Sorna, ermittelten Zoologen, fand es ein neues Zuhause. Gelegentlich tritt Nessie in Filmen von Stephen Spielberg auf, um den Aufenthalt in der Karibik zu finanzieren und nie mehr nach Schottland zurückzumüssen.

SCHOTTLAND

DÄNEMARK

KOPENHAGEN

Für Dänemark werden Juli und August als mögliche Reisezeiten empfohlen, weil die Temperatur an einigen Tagen die Zwanzig-Grad-Marke erreicht. In Kopenhagen legen die Ureinwohner aber bereits bei den durchschnittlichen fünfzehn Grad im Juni alle Jacken und Pullover ab. Das ist möglich, weil sie sich von innen mit hochprozentigen Getränken wärmen. Kopenhagen macht am schnellsten verständlich, warum die Skandinavier jenseits der fünfundzwanzig Alkoholiker sind. Trübe Gassen, eine kettenrauchende Königin, ein schales Museum für moderne Kunst (*Louisiana*), ein dumpfes Schloss als Gerümpelmuseum (*Rosenborg*) und ein Vergnügungspark (*Tivoli*), in dem Karussellfahrer zu jeder Jahreszeit mit Decken versorgt werden. Wie in jeder anderen abgetakelten Hafenstadt sind alte Speicher zu Restaurants und Hotels und Shopping Malls umgewandelt worden, aber essen und wohnen und shoppen möchte hier niemand. Nur trinken, sehr viel trinken, jedenfalls bis zur Abreise.

SCHWEDEN

STOCKHOLM

Die Schweden bezeichnen sich selbst als *tråkig*, was so viel heißt wie träge oder langatmig. Ihr Land finden sie nach letzten Umfragen *långtråkig* und das Königshaus *genomtråkig*, was alles Steigerungen von *tråkig* sind. Reisende stimmen zu. Bis heute ist unklar, ob der nach Schweden ausgewanderte Dichter Kurt Tucholsky nach zwei Jahren absichtlich Schlaftabletten nahm oder nur versehentlich, ob es zu viele waren oder vielleicht eine einzige Tablette genügte, um ihn in diesem Land für immer in Schlaf zu versenken. Sommerlichen Besuchern werden gewöhnlich Aufputschmittel empfohlen.

Durchschnittlich halten sich Gäste siebzehn Stunden in Stockholm auf, von denen sie nach Möglichkeit acht verschlafen, fünf bei Essen und Trinken zubringen (schwierig bei der Kochkunst) und vier für Besichtigungen aufwenden, was mehr als ausreichend ist. Die Altstadtinsel Gamla Stan mit Schloss und Schlosskirche ist rasch abgeschritten. Wer sich den von Reiseleitern als Höhepunkt angepriesenen Wachwechsel antut, sucht im Wörterbuch sofort nach weiteren Steigerungsmöglichkeiten des Wortes *tråkig*. Reisegruppen werden gewöhnlich in den Bus geschoben und in zwei Museen abgeladen. Das erste ist das Vasa-Museum, wo ein vier-

hundert Jahre altes königliches Segelschiff liegt, das auf der Jung-
fernfahrt sank – bis heute ein Symbol nationaler Identität. Das
zweite ist das Freiluftmuseum Skansen, ein Museumsdorf, in dem
trachtengekleidete Laien und Handwerker einen Webstuhl, eine
Windmühle, eine Apotheke und einen Eisenwarenladen betreiben.
In einem Freiluftgehege reiben sich zwei räudige Wölfe am Zaun,
im Nachbargehege dösen Elche und hoffen, dass es bald vorüber
ist.

Wer noch einen Tag mehr Zeit hat, wird diesen auf dem Wasser
verbringen, in einem Ausflugsboot durch den sogenannten Schärengarten. So heißt die endlose Zahl von spärlich bewachsenen
Felsenhöckern und sommerlich bewohnten Inselchen, die mehr
als eine Stunde zu betrachten das gewöhnliche Konzentrations-
vermögen übersteigt. Als Alternative bleibt nur ein Ausflug nach
Uppsala, wo man durch einen Schlossgarten spazieren und in
einen gotischen Dom gehen kann. Als dessen Höhepunkt gilt die
Schatzkammer mit alten Schilden, alten Kelchen und alten Mes-
segewändern. Oder, wie man in Schweden zu sagen pflegt: *Tråkig,*
långtråkig, genomtråkig.

RUSSLAND

ST. PETERSBURG

In der Stadt Petersburg werden pro Jahr mehr Morde begangen als in Deutschland insgesamt. Eigentlich Grund genug, einmal hinzufahren und die Quote live zu erleben, die ungefähr der Jahresquote der im Fernsehen gezeigten Morde entspricht. Touristen sind jedoch häufig enttäuscht, weil sie von Stechereien, Schießereien und Verfolgungsjagden wenig mitbekommen. Reisende begegnen der russischen Mafia, deren Hauptstadt Petersburg ist, eher in ziviler Form, nämlich in Person von Hoteliers, Restaurantchefs und Polizisten und nur bei speziellem Interesse auch in Gestalt von Bordellbetreibern, Drogendealern und Kinderhändlern. Petersburg ist eine der korruptesten Städte in einem der korruptesten Länder der Welt. Warum auch nicht? Irgendeine Stadt muss diese Rolle ja spielen. Und diese scheint glänzend geeignet, weil sie von einem der blutrünstigsten Zaren, Peter dem Großen, unter Aufopferung Hunderttausender von Menschenleben aus den Newa-Sümpfen erbaut wurde. Petersburg stehe nicht auf Pfählen, äußerte der Poet Alexander Puschkin, sondern auf Skeletten.

Immerhin, die Stadt steht. Sie wird von der mit Mauern eingefassten Newa durchflossen, die von ein paar Nebenflüsschen und zahllosen Abwasserkanälen gespeist wird, sodass Fremdenführer von einem Venedig des Nordens sprechen. Touristen wandern gewöhnlich den Newski-Prospekt entlang und schauen links und rechts in die Seitenstraßen. Am kreuzenden Gribojedow-Kanal steht die zwiebelig gekrönte Bluts- oder Auferstehungskirche (*Spas na Krowi*), außen groß und bunt, innen ein mattes Museum. Auf der anderen Seite die von Touristen noch stärker heimgesuchte *Isaakskathedrale*, ein Kuppelbau, von dessen Galerie aus man die Stadt fotografiert. Am Fluss schließlich die *Eremitage*, die bedeutendste Sammlung von Raubkunst in Russland. Gegenüber liegt eine Festung (*Peter und Paul* genannt), von der um 12 Uhr ein Kanonenschuss abgefeuert wird. Aber hallo.

Und das war es, und weil es das war, müssen bei mehrtägigem Aufenthalt auch noch Museen besucht werden (für russische Geschichte oder für russische Trachten oder eingelegte Tiere). Und es werden Ausflüge angepriesen, etwa zum *Katharinenpalast*, in dem sich bis zum Zweiten Weltkrieg ein mit Bernstein tapeziertes Zimmer befunden haben soll. Gezeigt wird jetzt ein Nachbau aus lauter Bernsteinplättchen, der sehr hübsch dem Raucherraum einer schäbigen kleinen Kneipe gleicht.

Was gibt es zu essen? Borschtsch mit Smetana, Blini und undurchsichtige Suppen. Echte Russen bevorzugen McDonald's, Subway und Kentucky Rostiks. Auch hier schmeckt alles eigentümlich anders, um nicht zu sagen russisch. Es gibt Shopping Center und ein Buchhaus (Dom Knigi), in dem man im Web surfen kann. Wer wissen will, warum die Russen so schwermütig sind, muss sich nur die Tastatur ansehen und dann versuchen, sie in ein europäisches Layout zu bringen. Wer sich endgültig der Depression hingeben möchte, besucht eine Ballettaufführung in der Oper oder, aber das hat dann schon finalen Charakter, nimmt den Nachtzug nach Moskau.

TSCHECHIEN

PRAG

Für die einen ist es die Stadt des Bieres und der Speckknödel. Für die anderen ein Disneyland zu überhöhten Eintrittspeisen. Für den Reiseschriftsteller Bruce Chatwin war sie «eine einzige Touristenfalle». Für den Kollegen Rilke ein Grund, wegzuziehen. Dem dichtenden Präsidenten Václav Havel schien im rauchigen Winternebel jedes Atemholen in den Straßen «wie ein geteerter Lungenzug». Das meinte er positiv. Taschendiebe nennen Prag die «goldene Stadt». Sieben Millionen Touristen pro Jahr kommen mit vollen Taschen und großen Erwartungen und sind dankbar, wenn sie von beidem befreit wieder nach Hause fahren dürfen.

Das muss man unbedingt verpassen

Altstädter Ring. Der Neppstädter Ring ist ein Platz rund um das Rathaus in der *Neppstadt*, wie die Fremdenführer die Altstadt freimütig nennen. Denn hier ist nichts echt, nichts ehrlich, nichts seinen Preis wert. Selbst einheimische Taschendiebe sind sich zu fein, hier zu klauen. Ihnen ist es hier zu einfach. Die aus Ungarn und Rumänien einreisenden Clans kennen solchen Dünkel nicht. Sie erzielen hier einkommensteuerpflichtige Umsätze. Auf diesem meistbesuchten Platz der Stadt versammelt sich die Menge jeweils eine Viertelstunde vor Gongschlag an der Südseite des Rathauses, um offenen Mundes nach oben zu starren, auf die Astronomische Uhr. Dort öffnet sich zur vollen Stunde ein Türchen, und zu einem verstimmten Glockenspiel ziehen Jesus plus Apostel (als wetterfeste Plastikkopien) am Zifferblatt der Uhr vorbei. Das dauert eine Minute – reicht aber für eine fingerfertige dreißigköpfige Großfamilie. Jeweils zur nächsten Stunde ist dann die nächste Gang dran. Man erkennt sie am freundlichen, goldblitzenden Lächeln.

Karlsbrücke. Alle Touristenstädte haben das: einen Versammlungsort für Schnellzeichner, Banjospieler, Reklameverteiler, Tageszuhälter, Bootstouren-Anschaffer und für all die fliegenden Händler mit echtem Prager Schmuck aus China und authentischen böhmischen Tüchern aus Vietnam. In Prag ist die steinerne Karlsbrücke dieser Ort. Täglich versuchen vierzigtausend Menschen sie zu überqueren. Vom geisteskranken Habsburger Kaiser Karl in Auftrag gegeben, verbindet sie Altstadt und sogenannte *Kleinseite*. So heißt das Edelviertel unterhalb der Burg. Von den dreißig steinernen Brückenheiligen ist Nepomuk der am meisten umlagerte. Ihm werden magische Kräfte nachgesagt. Dazu müssen die Reliefs links und rechts unter seiner Statue berührt werden. Man streichelt den Hund links, um jemandem Böses zu wünschen. Und das Kleid der Jungfrau rechts, um sich selbst Gutes zu wünschen. Die digitalen Mikrophone, die das Tourismusamt für ein Jahr anbringen ließ, offenbaren: Links sind vorwiegend Flüche über die Stadt zu hören, rechts immer wieder der Wunsch, nie wieder hierher zurückzumüssen.

PRAG

Hradschin, Burg und Veitsdom. Der Hradschin ist der Berg. Darauf sitzt die Burg. Zu ihr gehört der Dom, benannt nach dem von Rinderwahnsinn befallenen heiligen Veit («Veitstanz»). Ab Ausgang Karlsbrücke sorgen Pfeile im Straßenbelag dafür, dass niemand sich verirrt: Hier geht's zu den Tickethäuschen. Ohne Eintrittskarte plus Fotolizenz darf man die Burg kaum von außen betrachten und im Dom nur eine Gebetsnische aufsuchen. Eigentlich reicht das. Der Dom ist düster. Die Fenster, durch die das Licht farbig hereinstrahlen könnte, sind dauerhaft verrußt. Die mit bunten Steinen verzierte Wenzelskapelle darf erst nach langem Anstehen im Gänsemarsch durchquert werden. Begeisterten Begleitern raten wir zum Besteigen des südlichen Turms. Die 270 Stufen und der ungetrübte Blick in Prags Schadstoffemissionen bringen auch Enthusiasten zum Schweigen. In den Gebäuden der Burg wird häufig noch der öde Wladislaw-Saal besucht, weil er im Ticketpreis inbegriffen ist. Die ranzige Gemäldegalerie im zweiten Hof wartet mit dem auf, was alle Fürsten überall gesammelt haben: Rubens, Tizian und barocke Schinken. Hübsch: die umgebenden Gärten. In ihnen nistet eine Zeckenart, welche die noch wenig bekannten Ehrlichiosen und Rickettsiosen überträgt. Einfach mal durchs Gebüsch streifen!

Goldene Gasse. Für den Gang durch das Goldmachergässchen muss eine Eintrittskarte erworben werden. Sie berechtigt zum Betreten der Souvenirshops, die sich in den kleinen Häuschen breitgemacht haben. Dass hier mal Alchemisten versucht haben, Gold herzustellen, glaubt heute niemand mehr. Dass *jetzt* Gold eingenommen wird, ist dagegen offensichtlich. Ansichtskarten, Kunstgewerbe, Spielzeug und Kafka-T-Shirts können hier zum Spezialgoldmacherpreis erworben und nach Prüfung der Qualität gleich hinterm Ausgang in die dafür bereitgestellten Müllcontainer geworfen werden.

Jüdischer Friedhof. Ab zehn Uhr vormittags lassen die Reisebusse beim jüdischen Museum am alten Friedhof die Bremsen zischen. Wer nicht vorgebucht hat, muss jetzt lange für eine Kombikarte anstehen. Denn ein Foto des Gedränges von zehntausend Grabsteinen aus sechs Jahrhunderten ist zwingend. Erstens, weil es schön labyrinthisch wirkt. Zweitens, weil es ein Beweis der Unschuld ist. Deutsche Besucher schließen sich gern der jüdischen Tradition an und legen ein Steinchen auf einen Grabstein, etwa des Rabbis Löw, um ihm nachträglich ihre Solidarität zu signalisieren. Die im Ticket inbegriffenen Synagogen und Museen sind weniger malerisch, bieten aber kostenlose Kopfbedeckungen (Alt-Neu-Synagoge) und die Herausforderung, die Wärter zu überlisten, die die Einhaltung des Fotografierverbotes überwachen sollen.

Sonst noch was? Die *Kleinseite* wird im selten überarbeiteten Reiseführer noch als Insidertipp ausgegeben. Sie ist längst das touristische Zentrum und zu einem kulissenhaften Themenpark herausgeputzt worden. Wer sich zwischen den Palais und Kitschläden als Insider fühlen will, muss tief in die Tasche greifen (am besten nicht in die eigene). Wer auf der Karlsbrücke einem der als Matrosen kostümierten Anschaffer erlegen ist, muss eine *Moldaufahrt* antreten. Fünfhundert Meter in die eine Richtung, fünfhundert Meter in die andere. Und nochmal. Staustufen verhindern eine Flussfahrt. Zum Gruseln langweilig. Tiefpunkt der Neustadt ist der *Wenzelsplatz*. Auf ihm wurde mal für die Freiheit demonstriert. Sie ist erreicht. Gleich dahinter beginnt das Rotlichtviertel.

So wird man lästige Mitreisende los

⫸→ Im Café und danach. In Prag gab es in den zwanziger Jahren eine Kaffeehauskultur. Schwärmer glauben, die gebe es noch heute. Promotionagenturen haben deshalb dafür gesorgt, dass sich einige Cafés – etwa das Slavia und das Imperial – nostalgisch geben. Dass die Kellner hier dem Gast ins Portemonnaie greifen, kommt vor, oft aber nur symbolisch. Die Aufschläge für Besteck und Servietten treiben die Kosten für einen Espresso leicht in die Höhe eines Gourmetmenüs. Das empfehlen wir also unserem nervtötenden Romantiker. Unabdingbar: der anschließende Gang durch die Fußgängerzone. Das zwangsläufige Abhandenkommen der Brieftasche soll er auf der Wache zur Anzeige bringen (für die Versicherung). Geschätzte Zeit für den bürokratischen Akt: sechs Stunden.

⫸→ Taxifahren zum Vysehrad. Fremden wird geraten, den Preis für eine Fahrt schon beim Einsteigen abzumachen. Natürlich auf Tschechisch. Englisch versteht der Fahrer nur, wenn er will. Wir raten unserem liebenswürdigsten Mitreisenden zu einer Taxifahrt auf den Vysehrad. Anders kommt man nicht auf diesen herrlichsten aller Aussichtspunkte. Er wird vermutlich auch mit dem Taxi nicht hinkommen, und wenn, dann kehrt er völlig verarmt zurück. Eher aber wird er zu den jährlich rund zehntausend Fahrgästen gehören, die nach Überlassung ihrer letzten Barschaft in einem fernen Stadtviertel ausgesetzt werden.

⫸→ Fenstersturz. Beim klassischen Prager Fenstersturz wirft sich der Gast aus Verzweiflung über die Stadt in die Tiefe. Manchmal muss nachgeholfen werden. Dieser Brauch, der durch Vorbilder aus dem 15. und 17. Jahrhundert zur Tradition wurde, wird von der jungen Generation wieder mit Hingabe gepflegt. Wenn wir von einem nervigen Mitreisenden endgültig genug haben, reicht

PRAG

also schon der gute Rat: Stell dich mal ans Fenster! Etwa in der Burg, im Strahov-Kloster oder auf dem Altstädter Brückenturm. Meist findet sich ein traditionsbewusster junger Prager, der mit einem kleinen Schubser der alten Sitte frönt. Kenner der Stadt springen selbst.

Typisch Prag

Golem. Um 1580, als anderswo Galilei, Montaigne und Shakespeare sich emsig bemühten, erreichte der geniale Rabbi Löw in Prag den Gipfel der Kreativität: Aus Lehm und Wasser schuf er einen Menschen. Einen kostenlosen stummen Diener. Dieser Golem, Joseph genannt, ging auf Streife, machte sauber und läutete die Glocken. Angeblich war er nicht geschlechtsreif. Der Prager Autor Bohumil Hrabal hielt den Golem jedoch für den Urvater eines Großteils der Einheimischen, «denn die meisten sehen matschig aus, sind der Sprache nicht mächtig und lediglich zum Ausführen von Befehlen geeignet».

Delirium tremens. Prag ist in Europa und vermutlich in der Welt die Top-Stadt der Alkoholiker. Damit der Spitzenplatz gehalten werden kann, fängt man früh an. Ein Drittel der Jugendlichen unter sechzehn trinkt regelmäßig; die Dunkelziffer ist höher. Das tschechische Sprichwort «Er trinkt wie ein Däne» bedeutet nicht, jemand trinke viel, sondern zu wenig. Die Tschechen trinken zügiger und mehr und erreichen die Alkoholdemenz in einem früheren Alter als die Trinker jedes anderen Landes. Ein 2008 erlassenes Gesetz, das öffentliche Besäufnisse auf zentralen Plätzen und vor Sehenswürdigkeiten untersagt, konnte bei Einheimischen nur anhaltendes Kopfschütteln bewirken (*delirium tremens*).

Organspenden. In ganz Tschechien gilt: Wer sich nicht schriftlich und notariell gegen eine Organspende ausgesprochen hat, ist als Spender anzusehen, sobald er sein Leben ausgehaucht hat. Etwa wenn er versehentlich überfahren wurde oder bei einem Spaziergang einen Ast oder schweren Gegenstand über den Schädel bekommen hat. Organhandel galt schon im Ostblock als wichtigster Devisenbringer. In den Nachfolgestaaten ist er zur dynamischsten Branche geworden. In Prag besonders rar und begehrt: funktionierende Lebern. Offiziell dürfen Touristen noch nicht gegen ihren Willen als Organspender geplündert werden, doch das Parlament berät mangels Nachschub über eine Änderung des Gesetzes.

Unverdauliche Landesspezialitäten

Der Poet Jan Neruda beschrieb die Zusammensetzung des gewöhnlichen Prager Bürgers: Er bestehe zu einem Drittel aus Knödeln, zu einem weiteren Drittel aus Speck und zum letzten Drittel aus Bier. Das trifft auch auf die meisten Touristen zu, und zwar vom zweiten Tag an. Selbst wer das «U Fleku» meidet, kommt um diese Grundnahrung nicht herum. «U Fleku» ist das Hofbräuhaus von Prag, und wer Schwarten, Knödel und Blasmusik zum Bier mag, wird hier glücklich schunkeln. Die Reiseführer raten meist zu «Geheimtipps» in «Nebengassen». Die gibt es in Prag nicht. Es gibt keine geheimen Restaurants, nur schlechte, und davon jede Menge. Denn lediglich die Touristenfallen werden vom Gesundheitsamt kontrolliert. Der Rest darf schlechte Ware losschlagen, sauren mährischen Wein panschen und Bier strecken. Am Ende wird Bedienungsgeld auf die Rechnung geschlagen, aber meist nur in Höhe des verzehrten Betrags.

Das reicht für das Expertengespräch

Franz Kafka ist der bedeutendste Autor Prags. Er hat die Stadt immer verlassen wollen und es nie geschafft. Seinen Frust hat er in die Freitodgeschichte *Das Urteil* gepresst. Darin springt ein Prag-Leidender von der Brücke ins Wasser. Kafka-Experte Eduard Goldstücker fand nur einen einzigen Satz in der Geschichte bemerkenswert, und zwar den letzten: «In diesem Augenblick ging über die Brücke ein geradezu unendlicher Verkehr.» Goldstückers Rat für die Diskussionsrunde: Diesen Satz zitieren und ihn existenziell finden. Sorgt für einen tiefsinnigen Abend. Ergänzend macht sich die Bemerkung gut, Prag sei «insgesamt kafkaesk».

Das meinen Kenner

«Was für Trampel, was für ein unmusikalisches Volk!»
– ANTON DVOŘÁK, KOMPONIST

«Ich weiß, warum ich weggegangen bin.»
– NORA DVOŘÁKOVÁ ALIAS DOLLY BUSTER,
DARSTELLERIN

«Ich bin nur zum Klarinettespielen gekommen. Lassen Sie mich los!»
– WOODY ALLEN, SCHAUSPIELER UND REGISSEUR

UNGARN

BUDAPEST

Bis heute ist die berühmte Sisi in Ungarn beliebt. Denn diese bayerische Prinzessin wurde nicht nur Kaiserin von Österreich, sondern dreißigjährig auch Königin von Ungarn. Sie suchte sich ungarische Hofdamen aus, verliebte sich in einen ungarischen Grafen und erlernte die ungarische Sprache. Doch die ungarische Hauptstadt besuchte sie nach der Krönung nie wieder. Ihr Stadtführer und Liebhaber Gyula Andrássy teilte mit, ein einziger Spaziergang habe Sisi genügt: «Die düsteren Straßen versenkten sie in Schwermut.» Jeder, der heute in Budapest Zeit verbringen muss, kann das nachempfinden, allerdings nur zu hundert Prozent. Die Stadt ist dunkelgrau und bestenfalls nichtssagend. In ihren gelungensten Teilen wirkt sie wie ein missglückter Nachbau von Wien.

«An dieser Stadt ist die Donau das Beste», schrieb der Romancier Sándor Márai, der beizeiten freiwillig ins Exil ging. Die in Nord-Süd-Richtung fließende Donau teilt die Stadt in das westliche Buda, das verschlafener und vornehmer wirkt, und das östliche Pest, dessen Name Programm ist. Buda wird von einem kitschigen Ensemble namens *Fischerbastei* gekrönt, bei dem Sightseeing-Busse lange halten, weil es nicht viel anderes gibt. Daneben erhebt sich die *Mathiaskirche*, in der Sisi zu ihrem Unglück gekrönt wurde, und das Burgviertel, in dem sie hätte residieren sollen. Wer eine Stadtrundfahrt gebucht hat, wird noch zum sowjetischen Freiheitsdenkmal gekarrt, dessen Errichtung die Freiheit beendete. Von hier bietet sich jene graue Aussicht über die Stadt, von der die Königin schwermütig wurde.

Auf die östliche Seite gelangt man über die sogenannte Kettenbrücke, die von Einheimischen aus bislang ungeklärten Gründen als sehenswert ausgegeben wird. Auf der Pest-Seite stehen Verwaltungsbauten und alte Mietskasernen. Es gibt eine Flaniermeile namens Rakuczi, die aus Billigshops und Frittenläden besteht, zwei oder drei Jugendstilcafés, von denen das *New York* das berühmtere und hässlichere ist, und schließlich einen pathetischen Heldenplatz, der zum Versammlungsort der wichtigsten chauvinistischen Parteien geworden ist.

Was man obendrein unbedingt versäumen sollte: die hundert Jahre alten gefliesten Miefbäder, das klebrige Geigenspiel beim Dinner, die betagten rumpeligen Straßenbahnen und die U-Bahnen, in denen Touristen beraubt werden, bevorzugt von Großfamilien aus dem neunten Bezirk. Die einheimischen Spezialitäten sind ungewürzt, der Wein synthetisch, der Kaffee dünn. Die Bewohner von Buda und Pest leben ihre Unzufriedenheit beim Autofahren aus. Sie mögen keine Fremden, schon gar nicht auf Zebrastreifen.

ITALIEN

FLORENZ

Goethes *Italienische Reise* ist berühmt. Unter anderem, weil der Meisterdichter es nicht für nötig hielt, in Florenz Station zu machen. Dafür entschuldigte sich gut hundert Jahre später Adolf Hitler persönlich beim Kollegen Mussolini, als beide bewundernd durch die Stadt schritten. Florenz sei zugleich malerisch und großartig, Goethe habe geirrt. Doch wer Florenz erleidet, weiß: Goethe hatte recht. Man muss die Stadt weiträumig umfahren.

Die düstersten Highlights

Sechs Millionen Besucher kommen pro Jahr in die Stadt. Ab zehn Uhr füllen sie die Gassen, wollen Eis essen und suchen öffentliche Toiletten. Zwischendurch müssen sie die Liste der Sehenswürdigkeiten abhaken. Glück gehabt: An Scheußlichkeiten ist kein Mangel.

Der David. «Die am schlechtesten proportionierte Skulptur der Renaissance», laut Bildhauer Auguste Rodin, steht als Kopie vor dem Rathaus. Die kurzen Beine und der Wasserkopf werden von

Fremdenführern damit entschuldigt, die Figur habe weit oben stehen sollen und wäre dann nicht so genau zu erkennen gewesen. Jetzt ist sie allzu genau zu erkennen. Die Florentiner Denkmalschutzbehörde erhält pro Tag etwa hundert Mails mit Hinweisen zur Penis-Verlängerung. Die Behörde stuft die Mails als «ernst zu nehmen» ein, es müsse aber Marmor sein.

Palazzo Vecchio. Das alte Fabrikgebäude hinter dem David wird nun leider doch noch nicht abgerissen. Stattdessen ist es von der Stadtverwaltung mitsamt seinen nachgeahmten Zinnen und seinem klobigen Antennenturm als «Palazzo» auf die Liste des Weltkulturerbes geschmuggelt worden. Das bedeutet, dass es mit Steuergeldern aus allen Ländern der Welt künstlich am Leben erhalten wird.

Dom. Wegen seiner dröhnenden Monstrosität war er das Lieblingsgebäude von Albert Speer, der es als «großartigsten Ausdruck einer Führerreligion» in Berlin nachbauen wollte. Innen ist er zum Glück dunkel und zur Schonung der Betrachter ganzflächig mit Gerüsten und Bauplanen abgedeckt. Sehenswert wäre sonst die Decke der Kuppel. Ihre Ausmalung gilt als bedeutendste Renaissance-Darstellung von Würmern und Maden. Freskenmaler Giorgio Vasari hatte Engel, Heilige und von Gott Gerichtete porträtieren sollen. In seinem «tiefempfundenen Mitgefühl für kleine Kreaturen» gerieten ihm Heilige und Sünder zu Raupen, Engel zu Engerlingen. Unbedingt zoomen!

Baptisterium. Die Reiseführer schreiben voneinander ab, die Bronzetüren der Taufkapelle seien «künstlerisch bedeutsam». In Wahrheit enthalten sie lediglich Reliefs mit ermüdenden biblischen Szenen. Der amerikanische Trancetherapeut Milton Erickson benutzte Abbildungen der Reliefs, um seine Klienten in Schlaf zu versenken. Deshalb sind weniger die Darstellungen sehenswert als vielmehr die Touristen, die beim Betrachten leise zu schwanken beginnen und umzukippen drohen (Rettungssanitäter im ockerfarbenen Gebäude dahinter!). Reisende lieben das Baptisterium, weil es erheblich kleiner ist als der Dom und Schlafpolster bereithält.

Uffizien. Das laut Picasso «deprimierendste Kunstgefängnis des Abendlandes» beherbergte ursprünglich die Verwaltung der Stadt, bis im Laufe weniger Jahre dreiundzwanzig Beamte in den bedrückenden Räumen Selbstmord begingen. Seither müssen stündlich wechselnde Wärter die inhaftierten Gemälde und die zur Besichtigung verdammten Touristen bewachen. Kenner bleiben draußen, genießen den Anblick der Schlangen am Eingang, zitieren Picasso und gehen Kaffee trinken.

Ponte Vecchio. Die Brücke sieht nicht nur aus wie ein langgestrecktes Klogebäude, sie riecht auch so. Sie gilt als wichtig, seit das italienische Militär ihre Erschütterungen misst. Weil sie im Jahr von sechs Millionen Touristen mindestens zweimal überschritten wird, dazu von einer halben Million Einheimischen, lässt sich an ihren Mauerrissen die Belastbarkeit von Brücken für Fußtruppen studieren. Ebenfalls hier zu Hause: die Brückenspinne, die nur einen Zentimeter groß wird, dafür aber nachts in Zehntausendschaften aufmarschiert. Während der gewöhnliche Mitteleuropäer im Laufe seines Lebens durchschnittlich nur drei Spinnen unfreiwillig bei Nacht verzehrt, kommen brückennah wohnende Florentiner auf viele hundert dieser eiweißhaltigen Tiere.

Palazzo Pitti, Palazzo Antinori, Palazzo Medici Riccardi, Palazzo Rucellai und weitere rund zweihundert Paläste sind allesamt wunderschön, solange man sie nicht besichtigen muss. Lediglich drei Prozent der Bildungstouristen können eine Woche nach der Besichtigung die oben genannten Paläste noch unterscheiden. «Das war doch im …?» – «Nein, das war …, oder?» – Eben.

So wird man lästige Mitreisende los

Es gibt immer wieder Mitreisende, die ihrer Begeisterung lauthals Ausdruck verleihen, damit man sie für kultiviert hält. Sie sagen keinen Ton mehr, vielleicht nie mehr, wenn man sie auf den Turm des Doms schickt, auf den sogenannten **Campanile**. «Von dort hast du einen unvergleichlichen Rundblick.» Vor allem auf den Industriegürtel, der die Altstadt umgibt. Wir können nicht mit. «Ich habe mir leider eben den Fuß verstaucht.» Für den Anstieg auf die achtzig Meter hohe Plattform sind über vierhundert Stufen in ungleicher Höhe zu bewältigen. Von den täglichen 43 Verdachtsfällen auf Herzinfarkt in der Florentiner Hochsaison ereignen sich zwei Drittel nach der Besteigung des Turms – übrigens meist während des Abstiegs. Wenn unser Mitreisender von oben winkt, bedeutet das noch nicht, dass er unten auch noch die Hand heben kann. Falls er überlebt: auf zum **Ponte Vecchio**! «Die Läden da musst du dir ansehen, aber in aller Ruhe, lass dir richtig Zeit, versenke dich in die vielfältigen Auslagen!» Diese italienische Top-Adresse für Taschendiebstähle wird er nicht unbeschadet überstehen. Andernfalls müssen wir ihn bei Abenddämmerung in die **Boboli-Gärten** bringen. «Hier ein einsamer Spaziergang, allein mit der Natur, das wird richtig guttun!» Ihm bestimmt nicht, aber uns.

Typisch Florenz

Pest. «Die Geschichte der Pest liest sich wie eine Geschichte von Florenz und umgekehrt», notierte Giovanni Boccaccio, als er vor der Seuche floh. Bis heute gilt Florenz als eine Art Durchlauferhitzer für ansteckende Krankheiten. Mehrere spezialisierte

Forscher haben deshalb hier ihre Institute. Ob der Rattenfloh mit dem beliebten Bakterium *Yersinia pestis* eingeschleppt wurde oder aus ihren Labors stammt, wird sich nicht mehr feststellen lassen.

Verbannung. Die Verbannung von Künstlern unter Androhung der Todesstrafe blickt in Florenz auf eine siebenhundertjährige Tradition zurück. Damals wurde der Poet Dante Alighieri aus der Stadt getrieben; falls er wiederkäme, würde er erst verbrannt und dann enthauptet oder umgekehrt. Seither gilt das Wort des Lorenzo Medici: «Nur was die Führer schmückt, ist Kunst.»

Korruption. Die florentinischen Adelsfamilien haben die Korruption nicht erfunden, aber zu einer bewunderten Kunst entwickelt. Die Medici waren zunächst Bankiers des Vatikans, bevor sie eigene Familienmitglieder zu Päpsten wählen ließen, deren Kinder wiederum Kirchenfürsten wurden. Eine Familienangehörige namens Caterina brachte es bis zur Königin von Frankreich, wo es ihr gelang, die andersgläubigen Hugenotten weitgehend auszurotten und den Rest zu vertreiben.

Luftverschmutzung. Der Prediger Girolamo Savonarola war der Barack Obama seiner Zeit: erst die große Hoffnung, dann die noch größere Enttäuschung; erst ein Messias, dann nur noch zum Kreuzigen gut. Der demagogisch begabte Mönch prangerte Missstände an, zunächst in der Kirche, was sehr gut ankam, dann bei den florentinischen Mächtigen, was gut ankam, schließlich beim Volk, womit der letzte Rückhalt geschwunden war. Er wurde gehängt und verbrannt. Der Rauch seines Leichnams verdunkelte tagelang den Himmel. Das ist fünfhundert Jahre her, doch die Luft ist seither nie wieder lichtdurchlässig geworden. Die Luftverschmutzung in Italien liegt ohnehin vierzig Prozent über EU-Durchschnitt. Florenz hat es nach Mailand, Palermo und Neapel auf Platz vier der dicksten Luft geschafft, will aber die Top-Position erreichen.

Unverdauliche Landesspezialitäten

Was Einheimische nicht essen wollen, das bieten sie den Touristen als Spezialitäten an. Zum Beispiel *baccalá alla fiorentina* (Stockfisch in rötlicher Soße mit grünen Punkten), *bollito misto con salsa verde* (gekochte Zungen und weitere gemischte Weichteile unklarer Herkunft, grün übergossen), *tripa alla fiorentina* (Fransen und Zotteln aus dem Inneren verendeter Borstentiere) oder *biscotti di prato*: steinharte Lieblingskekse der ansonsten unterbeschäftigten Zahnärzte vor Ort. Deutsche Kassen ersetzen Schäden durch *biscotti* seit 2009 nicht mehr.

Das reicht für das Expertengespräch

Beim Test nach drei Monaten wissen Florenzreisende nur noch, dass es in der Stadt viele Renaissancegebäude gibt. Wann die Renaissance war, haben sie schon wieder vergessen – wenn sie es jemals wussten. Für ein Gespräch unter Reisenden reichen nach Ansicht des Kunsthistorikers Ernst Gombrich fünf stichwortartige Einwürfe: Medici, Michelangelo, David, Giotto, Botticelli. «Sagen Sie: ‹Michelangelo liegt mir nicht›», rät Gombrich, «oder: ‹Die Medici sind ein eigenes Thema›, oder: ‹Der David – na ja, na ja!›, damit können Sie einen Abend mühelos bestreiten.»

Das meinen Kenner

«Man muss in Florenz gewesen sein, um zu wissen, dass man die Zeit besser zu Hause verbracht hätte.»
– CESARE PAVESE, SCHRIFTSTELLER

«Gut geeignet für das versehentliche Zurücklassen älterer und zerstreuter Familienmitglieder.»
– NATALIA GINZBURG, AUTORIN

«Die Altstadt ist immer schön, wenn sie wegen einer Bombendrohung geräumt werden muss.»
– ALBERTO MORAVIA, ROMANCIER

ROM

Zum Glück führen nur wenige Wege nach Rom. Und doch geschieht es immer wieder, dass Unglückliche sich in diese Stadt verirren. Einigen hat man eingeredet, sie müssten unbedingt alte Ruinen sehen. Andere wollen die Sixtinische Kapelle spielen hören. Wieder andere möchten dem Papst eine Audienz erteilen. Berühmt geworden ist Rom zuletzt vor allem als Ziel amtsmüder Lehrer. Keine andere europäische Stadt garantiert derartig gründliche Hörstürze, in keiner schwimmt so viel Asselkot im Trinkwasser. Bereits ein zehntägiger Aufenthalt, so die Lehrergewerkschaft, reicht für eine Frühpensionierung.

Die langweiligsten Denkmäler

Selbst wer sich nur einen Tinnitus holen will, kommt um das Abschreiten von Gesteinsbrocken und Mauerresten nicht herum. Nur die Kombination von Verkehrslärm, Abgasen und Bildungsresten führt zu den erwünschten Symptomen.

Kolosseum. Die antike Arena wurde jahrhundertelang als Steinbruch benutzt. Was jetzt zu sehen ist, ist ein Nachbau, der allerdings noch zu tödlichen Kämpfen genutzt wird. Weil die Sitzreihen ungewöhnlich steil übereinander angeordnet sind, stürzen regelmäßig Besucher ab – und keineswegs immer versehentlich, wie ein Kronzeuge im Camorra-Prozess jüngst gestand. Auch bei Reisegruppen genügt oft schon ein freundschaftlicher Stubser, um ein wackeliges Mitglied Kapeister gehen zu lassen (Kameras bereithalten!). Nach Schätzung der Tourismusbehörde sind in der Neuzeit mehr Besucher im Kolosseum zu Tode gekommen als einst Gladiatoren oder Tiere. Siehe Kreuze, Inschriften, Gedenkkerzen.

Forum Romanum. Die Trümmerlandschaft war vor zweitausend Jahren angeblich das Zentrum der Stadt. Den Nobelpreisträger Iwan Bunin erinnerte sie an Berlin nach dem Zweiten Weltkrieg. Grober Schutt liegt immer noch herum. Einige Säulenreste sind aufgerichtet und einige Steine zu fiktiven Grundmauern zusammengesetzt worden. Phantasienamen wie «Kurie», «Janustempel» oder «goldener Meilenstein» sollen antike Assoziationen wecken, die sich im umgebenden Verkehrslärm jedoch rasch verflüchtigen. Übrigens muss man nicht über die Steine stolpern. Der Blick vom Kapitolshügel nebenan genügt. «Das Forum bleibt eine Stoppelwiese mit Gesteinsbrocken», seufzte der Poet Eugenio Montale. «Solche wüsten Plätze gibt es ja leider in jeder Stadt.»

Petersdom. Buddhisten werden häufig aufgefordert, für einen Tempel oder einen Lama zu spenden. Das verbessert ihre Aussichten auf eine günstige Wiedergeburt. Vor fünfhundert Jahren entstand auf diese Weise der Petersdom: Christen konnten ihre Position im Jenseits heben, indem sie spendeten. Der so finanzierte Monsterbau gilt heute als «finsterstes christliches Symbol seit Golgatha» (Graham Greene). Der Papst feiert hier trotzdem manchmal Weihnachten. In verschlossenen Schreinen werden wichtige Reliquien aufbewahrt: Milch aus der Brust von Maria, Knochen des Petrus aus verschiedenen Jahrhunderten, das letzte Gebiss des Augustinus und der große Zeh des Bischofs Marcel Lefebvre. Apropos: Fußlahme Pilger dürfen auf dem im Inneren kreisenden Putzwagen mitfahren. Verletzung vortäuschen gilt als lässliche Sünde.

Sixtinische Kapelle. Die Sixtinische Kapelle ist Teil der vatikanischen Museen und vom Petersplatz aus an einer langen Warteschlange erkennbar. Die Wartezeit beträgt durchschnittlich zwei Stunden. Um sie zu verkürzen, bieten Händler Souvenirs, Regenschirme und Halskrausen aus Schaumstoff an. Letztere sind unverzichtbar, weil die berühmtesten Gemälde an die Decken der Gemächer gepinselt wurden. Der Rundgang ist sieben Kilometer lang. Die beste Möglichkeit zum Hörsturz besteht in der Sixtinischen Kapelle selbst. Sie ist immer voll, und es ist dort immer laut, weil Reiseleiter in verschiedenen Sprachen die Ausmalung erklären und Mitreisende gleichzeitig diese Erklärungen kommentieren und einander übertönen müssen. Die Bilder von der Erschaffung Adams bis zum Jüngsten Gericht wurden vom Vatikan im vergangenen Jahr zur bedeutendsten schwulen Gemäldesammlung der Welt erklärt. Die erotischen Anregungen in den anschließenden vatikanischen Gärten auszuleben gilt jedoch an Karfreitag als unschicklich.

Piazza Navona, Pantheon, Fontana di Trevi, Spanische Treppe. Zwei Kilometer voller schwitzender Touristen. Die *Piazza Navona* ist der angesagte Platz für Musikanten, Schnellzeichner, miserables Eis, Nepp und schlechte Pizza. Aus dem peinlichsten der Brunnen ragt ein Obelisk, um den sich vier wurstige Männer winden – mittlerweile als Tiefpunkt des Barock anerkannt. Fünfhundert Meter weiter steht ein antiker Kuppelbau namens *Pantheon* («allen Göttern geweiht») und spendet Schatten und Regen auch an heißen Tagen. Der Regen fällt von der Decke, weil der feuchte Atem vieler Tausender Touristen zu ihr emporsteigt, sich in der Wölbung sammelt und kondensiert wieder herabtropft. Durchschnittliche Verweildauer: bis zu zehn Tage. Es kann also sein, dass einem der Atem der japanischen Reisegruppe vom Vormonat auf die Zunge tropft (genaues Hinschmecken klärt die Herkunft!). Tausend Meter weiter sprudelt, wenn er nicht gerade trockenliegt, ein Brunnen, der von Scherzkeksen gern mit Farbe und Waschmitteln versetzt wird: die *Fontana di Trevi*. Vor dem steinernen Gerangel geschwulstiger Figuren gewann die Schauspielerin Anita Ekberg 1960 den ersten römischen Wet-T-Shirt-Contest. Tipp: Wer eine Münze in den Brunnen wirft, braucht nicht nach Rom zurückzukehren. Wer einen Schluck daraus trinkt, wird physisch nicht mehr dazu in der Lage sein. Wer nichts dergleichen tut, schafft noch die fünfhundert Meter zur Spanischen Treppe, auf deren Stufen man sitzen kann. Hochsteigen lohnt nicht.

Kirchen. Nach der Untersuchung eines Studienreisen-Unternehmens kennen Rom-Reisende zwei Wochen nach der Heimkehr nicht mehr den Unterschied zwischen San Giovanni in Laterano, San Clemente, San Pietro in Vincoli, San Paolo fuori le Mura, Santa Maria in Aracoeli, Santa Maria del Popolo und Santa Maria Maggiore («Oder war das in Venedig?»). Das gilt als gutes Zeichen. Denn die vielen Kirchen in Rom sind nicht zum Besichtigen da, sondern zum Rasten im Sommer und zum Verzehren von Brötchen in schattiger Kühle. Um die Erfrischung zu vervollkommnen, tauchen Kenner die Arme bis zum Ellbogen ins Weihwasserbecken. Die einzige Kirche mit Erinnerungswert ist Santa Maria in Cosmedin. Die Vorhalle genügt. Hier wartet die «Bocca della Verità», das «Maul der Wahrheit», ein ehemaliger Kanaldeckel mit dem Antlitz eines betrunkenen Gottes. Wer durch seinen hohlen Mund ins Innere fasst und dabei lügt, bekommt nur Kaugummipapier und Zigarettenstummel zu fassen. Wer die Wahrheit spricht, findet einen noch kaubaren Rest Kaugummi und einen noch rauchbaren Halbstummel.

Sonst noch was? Wer leiden möchte, wird in Rom eine Menge finden. Etwa die unendlichen Stufen des pathetischen Nationaldenkmals Vittorio-Emanuele-Monument, das greise Reiseleiter mit einer monumentalen Schreibmaschine vergleichen. Ein gläserner Fahrstuhl gewährt oben den Blick in den ewigen Smog. Aus römischer Zeit gibt es noch gemauerte Triumphbögen mit gnädig verdreckten Reliefs, trübsinnige Bodenmosaike (*Caracalla-Thermen*), das Ödfeld einer ehemaligen Pferderennbahn (*Circus Maximus*) und eine *Grabpyramide* an einem umtosten Verkehrsknotenpunkt. An einer Ausfallstraße können Nekrophile in die Katakomben absteigen – unterirdische Grüfte, in denen Rattenknochen gezeigt werden.

So wird man lästige Mitreisende los

Spirituell engagierten Nervtötern empfehlen wir, die berühmten sieben Hügel Roms zu besteigen. Das hat einen mystischen Grund. Auf speziellen Hügelkarten ist unschwer zu erkennen, dass die sechs Hügel um den zentralen Palatin in der Mitte einen Stern bilden. Sie heißen Aventin, Kapitol, Caelius, Viminal, Qui-

ROM

rinal, Esquilin. Keiner ist höher als sechzig Meter. In alten Zeiten sagte man – und wir wissen es heute – , dass das Erklimmen aller sieben Hügel Gesundheit und Weisheit schenkt. Natürlich nicht demjenigen, der sie besteigt, sondern den anderen, die sie los sind.

Kulturell beflissenen Studienrätinnen und Studienräten raten wir zum Besuch des Protestantischen Friedhofs. Dort liegt «Goethe Filius», Goethes Sohn August, der angesichts der Stadt Rom zum Alkoholiker wurde. Der Friedhof ist am besten per Metro zu erreichen. Die Station heißt Piramide. Dass auf dieser Metrolinie fast die Hälfte der römischen Taschendiebe unterwegs ist, verschweigen wir lieber. Die andere Hälfte benutzt übrigens die Buslinie 64 (Stazione Termine – Petersdom). «Eine tolle Sightseeing-Tour zum Preis eines einfachen Bustickets!», verraten wir den quälenden Langweilern.

Geheimtipp für unsere geselligen Nervtöter: Trastevere. Der Stadtteil jenseits des Tibers hat eine tolle Promenade am Fluss (wenn man Beton und Abwässer liebt), und der Abschnitt zwischen Petersplatz und Engelsburg gilt als Insidertipp (für Handtaschenräuber und Halskettenreißer). Supertoll sind die vielen kleinen Restaurants (jedenfalls für Kellner, die hier ihre Meisterschaft im Rechnungsfälschen austragen). Top-Insider-Tipp!

Typisch Rom

Harmonisches Zusammenleben. Rom gilt als der einzige Ort Italiens, an dem Ndrangheta, Mafia, Cosa Nostra und Camorra sich gleichermaßen wohlfühlen und sogar harmonisch zusammenarbeiten. «Als eines der wichtigsten Zentren der organisierten Kri-

minalität darf Rom nicht durch Revierkämpfe gefährdet werden»,
gab Candeloro Parrello zu Protokoll, dessen Ndrangheta immerhin
fünfzig Milliarden Euro umsetzt. Das organisierte Verbrechen ist
unverzichtbar für Italiens Wirtschaft. Schön, dass sie zentral in
Rom so gut läuft!

Öffentliches Sterben. Nach dem weltweiten Erfolg, den das live
übertragene Sterben des Papstes Johannes Paul II. hatte, ist im
Vatikan ein interner Streit entbrannt. Johannes Paul ließ sich auf
eigenen Wunsch in verschiedenen Stadien des Todeskampfes ans
Fenster schieben. Soll das nun jedes Mal so sein? Es hätte Tradi-
tion: Im alten Rom war öffentliches Sterben (Cato, Scipio, Cassius,
Marc Anton, Varus, Agrippina die Ältere, Seneca, Petronius, Nero)
Ehrensache. Als ungeklärt gilt noch die Rechtevergabe.

Unverdauliche Landesspezialitäten

Man kann in Rom Pizza essen. Freunde des Echten bevorzugen
jedoch eine typische Trattoria. Der *pancotto*-Suppe (aus altba-
ckenem Brot) oder der *zuppa di fagioli e cipolle* (dicke Bohnen,
Zwiebeln, Bauchspeck) folgt dort *coratella di abbacchio* (Lammgeschlinge), *animelle al prosciutto* (Bries mit Schinken), *milza in
umido* (geschmorte Milz) oder schlicht *pajata* (Gedärm). Diese
Gerichte, deren Übersetzung aus guten Gründen meist nicht auf
der Karte steht, verdanken sich der Kunst römischer Schlachter,
für Touristen das «quinto quarto» eines Tieres – meist eines
Schweines – zu verwerten. Also das eigentlich nicht-existente
«fünfte Viertel», das aus Borsten, Zähnen, Knorpeln, Darmschlin-
gen, Schwanzquasten und Füßen besteht. *Bon appetito*, spricht der
Wirt lächelnd. Er selbst isst das Beste der realen vier Viertel.

ROM

Das reicht für das Expertengespräch

«Rom ist immer laut und immer kurz vor dem Verkehrskollaps. Ich möchte da nicht Bürgermeister sein.» Das klingt nach Expertentum. Dem Bildungsreisenden empfahl der Kunsthistoriker Eckart Peterich den Kennersatz: «Mir haben vor allem die frühchristlichen Kirchen gefallen.» Leider besteht das Risiko der Nachfrage: «Welche denn besonders?» Darauf solle man gar nicht erst eingehen, riet Peterich, sondern nach vorn fliehen: «Ach, und die byzantinischen Mosaiken! Das muss man mit eigenen Augen gesehen haben!» Gut macht sich dann der Seufzer: «So etwas hat es später nie mehr gegeben. Oder?» Er zeugt von tiefempfundener Wehmut um den vergehenden Glanz des Abendlandes und eröffnet ein Gespräch über die Abwärtsspirale der Kultur. Abend gesichert.

Das meinen Kenner

«Man muss Rom nicht kennen, um es zu hassen. Aber es hilft enorm.»
– MARCELLO MASTROIANNI, SCHAUSPIELER

«In Rom wohnen Leute, die wissen, dass sie in die Hölle kommen. Sie wollen einfach schon mal trainieren.»
– ANNA MAGNANI, SCHAUSPIELERIN

«Die Bauten des alten Rom sind der beste Beweis dafür, dass den Architekten der Antike wenig eingefallen ist.»
– ERNESTO BASILE, ARCHITEKT

VENEDIG

Venedig wurde im Spätmittelalter als Freizeitpark für Bildungsreisende entworfen. Wie viele inzwischen da waren, weiß niemand. Pro Jahr sind es zwanzig Millionen. Wer zu Hause geblieben ist, bekommt etwas von *morbidem Charme* zu hören nebst der Ermahnung: «Fahr bald hin, Venedig versinkt!» Diese Prophezeiung ist nachweislich zweihundert Jahre alt und wird nicht so bald in Erfüllung gehen. Ein neues Flutsperrwerk nach dem Vorbild Rotterdams lässt sogar befürchten, Venedig bleibe ewig stehen. Wenn es trotzdem einen Grund gibt, für einen Tag hinzufahren, dann den Widerstand des Fremdenverkehrsamtes: Es will keine Tagestouristen. Die bringen ihre eigenen Lunchpakete mit, statt schimmelige Hotelzimmer zu buchen und in Kantinenrestaurants Luxuspreise für Spaghetti zu zahlen. Die Brücken und Gassen und den Markusplatz nutzen diese Tagestouristen trotzdem. Aber lohnt sich das? Nur wenn man sich scheiden lassen will, behaupten italienische Soziologen. Nirgendwo, wollen sie beobachtet haben, zerstreiten sich Paare so gründlich und mit so düsteren Folgen wie hier. «Das liegt an den romantischen Erwartungen.» Und die sind alles andere als berechtigt.

Die wichtigsten Romantik-Killer

Canal Grande.   Gewöhnlich besteigen alle Touristen am Piazzale Roma ein Fährschiff der Linie 1. Die Reiseführer raten dazu. Das Schiff, engbepackt wie ein Flüchtlingsboot, fährt im Zickzack den

Canal Grande entlang, die Hauptverkehrsader Venedigs. Bis zum Markusplatz sind es vier Kilometer. Bis dahin werden zweihundert Häuser und Kirchen passiert, pro Person durchschnittlich dreiundachtzig Fotos geschossen und je Lunge elf Kubikmeter Diesel, Deo und Achselschweiß eingeatmet. Die Erleichterung beim Aussteigen ist groß. Ihr folgt die Erkenntnis, dass die überstandene Schaukelfahrt das Beste war. Alle anderen Blicke auf Venedig sind trüber und riechen strenger. Von jetzt an geht's bergab.

Markusplatz. Man kennt den Platz und die ihn umgebenden Fassaden. Nur sieht er auf Fotos und Canaletto-Gemälden stiller aus. Es ist laut hier, auch ohne Autos. Der italienische Vogelschutzverband hat den Platz zum elegantesten Taubenklo der Welt gewählt. Das marmorne Pflaster ist zugleich Ort der dauerhaftesten Menschenversammlung der Welt, nicht mal die Teilnehmer scheinen zu wechseln. Sie sehen immer gleich aus. Die Schlangen vor Dom und Dogenpalast verleiten zu der irrigen Vermutung, im einen oder anderen gebe es etwas zu sehen. Doch wer sich durch den Dom schieben lässt, sieht trübe Mosaiken. Und im Dogenpalast herrscht die Ödnis großer leerer Räume. Den einzeln stehenden Glockenturm besteigt nur, wer unbedingt das Bild live sehen will, das von der oben befestigten Webcam gesendet wird.

Rialtobrücke. Viele Gäste werden beim Anblick dieser Brücke von Ekel erfasst. Nach neueren Studien liegt das nicht am Stau verschwitzter Touristen vor den Souvenirläden. Vielmehr fühlen die meisten Besucher sich vom Anblick an billige Pizzerien und Eiscafés erinnert, die *Rialto* oder *Venezia* heißen. Auf deren Wände, Speisekarten und Papierservietten ist die Brücke gepinselt. Sie ist das Erkennungsmotiv Venedigs. Mit einer Gondel im Vordergrund ist sie so oft gemalt worden, dass selbst originellen Besuchern nichts anderes einfällt, als sie malerisch zu finden. Der italienische Surrealist Giorgio De Chirico gelobte, jeden zu ohrfeigen, der sie noch einmal zum Motiv nähme. Doch selbst extrem wütende Besucher würden an der Vielzahl der ausstellenden Maler scheitern. Die Strecke zwischen Markusplatz und Rialtobrücke gilt als meistbegangene Meile der Welt. Trotz zahlloser Wegweiser landen arglose Touristen immer wieder auf einer der beiden anderen Canal-Brücken, halten *die* für Rialto und werden dort völlig zu Unrecht glücklich.

Museen. Bei Regen kommt es immer wieder vor, dass Venedig-Besucher Kunstinteresse vortäuschen. Vergeblich betont dann die örtliche Tourismusbehörde, die ganze Stadt sei ein Museum und benötige deshalb keine eigenen Bauten für Gemälde. Die paar zweitklassigen Ausstellungen werden gestürmt, vielleicht auch, weil die Cafés so teuer sind (Cappuccino zehn Euro, kleines Bier zehn Euro). Also Kunst. Die *Galleria dell'Accademia* gibt Giorgiones *Tempesta* (Gewitter) als Hauptwerk der Sammlung aus. Es ist eines der frühesten Landschaftsgemälde – und eines der schwächsten. Ein Blick ins Web reicht. Nicht fern der *Accademia* befindet sich die *Collezione Peggy Guggenheim*. Sie widmet sich den verschnarchtesten Werken der sogenannten klassischen Moderne. Wer draußen bleibt, kann bei beiden Museen beobachten, dass die Besucher sie noch verregneter verlassen, als sie sie betreten haben. Und es gibt noch mehr Museen.

Kirchen. Die venezianischen Kirchen genießen den Ruf, im Sommer Kühle und Schatten zu bieten. Obwohl sie seit geraumer Zeit Eintritt kosten, sind sie an heißen Tagen gut besucht, zumindest außerhalb der Gottesdienstzeiten. Reisende verzehren hier ihr Mitgebrachtes in den Bänken und geben vor, die Deckengemälde großartig und die Skulpturen ausdrucksvoll zu finden. Eine biologische Schutzfunktion des Gehirns sorgt für das sofortige Vergessen des Gesehenen beim Hinausgehen. Bei *Santa Maria della Salute* reicht es nach Ansicht von Gelehrten, sie einfach nur liegen zu sehen: dem Dogenpalast gegenüber auf der Inselspitze. Die *Frari-Kirche* enthält ein paar Kunstwerke, die ohne Hinweis im Reiseführer niemandem auffallen würden. Und in *San Zanipolo* (Giovanni e Paolo) sind Dogengräber zu sehen. In den anderen Kirchen nicht einmal das. Sie dienen ausschließlich als Jausenstationen.

So wird man lästige Mitreisende los

»⟩→ **Einen Treffpunkt verabreden.** «Wir sehen uns in genau einer Stunde bei der *Scuola San Rocco*!» Wer diesen Satz ausspricht, hat den Rest des Tages frei. Selbst mit einem satellitengesteuerten Display findet der oder die lästige Mitreisende niemals zur bedeutenden Tintoretto-Sammlung *Scuola San Rocco*. Mit dem Stadtplan schon gar nicht. Jeder andere Punkt tut es auch. Verirren ist garantiert. Optimistisch Loswandernde meinen anfangs, die Abzweigungen im Gedächtnis zu behalten und die Abfolge von Gassen, Brücken und Hohlwegen wiederzuerkennen. Nach langem Suchen, am Rand eines brackigen Seitenkanals, ist Schluss mit dem Optimismus. Fast alle spontanen Übernachtungen in Venedig kommen zustande, weil die Gäste nicht mehr aus dem Labyrinth finden. Wer richtig Pech hat, wird von einem spukenden Zwerg mit roter Mütze und Beil zur ewigen Ruhe gebettet.

»⟩→ **Tauben füttern.** Zum Preis eines Burgers kann man am Markusplatz einen Beutel Taubenfutter kaufen. Wer Hunger hat oder einen Mitreisenden loswerden will, scheut die Ausgabe nicht. «Du bist doch so tierlieb, Tante Dorothee! Hier hast du eine Tüte Futter.» In die Hand drücken, Tüte öffnen, Futter auf Dorothees Hand

VENEDIG

streuen, rasch fortgehen. Alfred Hitchcock bekam am Markusplatz die Idee für seinen Film *Die Vögel*. Dort fallen Krähenschwärme mit Hackeschnäbeln über Menschen her. Die Tauben hier picken nur. Sie tragen interessante Sorten von Milben, Zecken, Parasiten mit sich, die sie nun auf Tante Dorothee abladen – von farblich faszinierenden Klecksen zu schweigen. Kamera anwerfen. «Sieht echt gut aus!»

⋙→ **Gondelfahren.** Kenner, erzählen wir unserem lästigen Mitreisenden, fahren mit der Gondel. Nicht mit der Touristengondel, bei der man auf einem Bänkchen sitzt, während der Gondoliere nur gegen hohe Schweigesummen vom Singen abzuhalten ist. Nein, Kenner nehmen die Fährgondel. Man sieht das gelegentlich. Fährgondeln sind daran zu erkennen, dass die Passagiere sich stehend übersetzen lassen, niemals unsportlich sitzend. Während die Touristenfahrten mit zwei Euro pro Minute zu Buche schlagen, kosten die Taxigondeln grundsätzlich nur zwei Euro. Man teilt die Überfahrt mit anderen. «Das ist ein authentisches Erlebnis!» Besonders das Stehen stellt den Gleichgewichtssinn des Neulings auf die Probe. Die Lagune ist nicht tief, aber schlammig. Wer daraus hervorgezogen wird, riecht nicht gut. Nie mehr.

Typisch Venedig

Nachahmungen. Den größten Umsatz mit Souvenirs machen nicht die Ladenbetreiber auf der Rialtobrücke, sondern die Afrikaner, die Designerwaren in den Gassen verkaufen, meistens mit Expertise. Schlechte Fälschungen, aber als Mitbringsel für Eltern und Geschwister gut genug. Ähnliches gilt für die Masken und Kostüme, die es für ganzjährig Karnevalsblinde gibt. Und erst recht für die Glaswaren aus Murano, die vor den Augen der Betrachter hergestellt werden: ein Vögelchen, Pferdchen, Blümchen, ein Lolli aus Glas. Was niemand braucht und keiner haben will – auf dieser Ausflugsinsel wird es geblasen. Kenner kaufen am Airport die Rialtobrücke aus Plastik oder gleich mit Gondel in einer Glaskugel mit Schneeflocken.

Aroma. Bis vor zwei Jahren hieß es noch, Venedig stinke lediglich bei gutem Wetter. Nur in der Wärme entfalte der von den Einwohnern in die Kanäle entsorgte Müll sein volles Aroma. Seit jedoch die öffentlichen Toiletten kostenpflichtig sind und einen im Web gebuchten Voucher erfordern, stinkt es überall und immerzu. Italienische Duftdesigner haben im vergangenen Jahr den venezianischen Duft analysiert und in Gläser abgefüllt. Sie kamen auf eine spezifische Mischung aus Fäulnis und Schimmel, Taubeninfekt und Rattenschiss, Katzenkot und verwestem Fisch, vermehrt um Windeln, Essensreste, Schweiß und weitere menschliche Abbauprodukte. Die Kreation ist in glasklaren Flakons zu haben. Ein Druck auf den Sprühknopf hilft gegen Wehmut.

Unverdauliche Landesspezialitäten

Gute Restaurants sind in Venedig leicht zu erkennen. Es handelt sich um die Stufen von Brücken oder Kirchen. Darauf verzehrt man sein Lunchpaket. Besser geht es nicht. Im zentralen Viertel San Marco stehen die Preise im umgekehrten Verhältnis zur Qualität. Die Preise sind außergewöhnlich hoch. Alle Reiseführer empfehlen deshalb, nicht Restaurants aufzusuchen, in denen man für Messer, Gabel und Papierserviette einzeln zahlt (weil sie das Beste sind), sondern Bars. Und zwar in weniger besuchten Stadtteilen wie Dorsoduro oder auf der Stadtinsel Giudecca. Natürlich bekommt man auch dort abgründige Ware, zahlt aber nicht so viel dafür, und die Kellner sind nicht so hektisch. Eine Gilde italienischer Gourmetkritiker sorgte vor zwei Jahren für Empörung, als sie die Chinesen Venedigs zu den besten Restaurants kürten. Die seien zwar eher durchschnittlich, aber immer noch wesentlich besser als die einheimischen Restaurants und obendrein bezahlbar. In Venedig gibt es keine einheimische Spezialität, die essbar ist, aber eine trinkbare: die *Ombra*. Das ist ein *Schatten* von Wein. Gemeint sind 0,1 Liter. Drei bis fünf *Ombre* ersetzen eine Mahlzeit. Zehn trösten darüber hinweg, wenn man doch eine gegessen hat.

Das reicht für das Expertengespräch

«Stellen Sie in abendlicher Runde einfach die Frage, warum Venedig versinkt», riet der langjährige Bürgermeister Massimo Cacciari. «Dann können Sie sich ungestört dem kalten Büfett zuwenden.» Denn die anderen geben ihre Expertenmeinungen kund. Es liegt an den Motorbooten. An der Entnahme des Grundwassers. Am Absaugen des Methans durch die Fabriken auf dem Festland. Es liegt an den Erweiterungen der Fahrrinnen, speziell für Kreuzfahrtschiffe. An den Raubfischern, deren Fangkörbe den Meeresboden aufschrammen, sodass die Sedimente abgetragen werden. Es liegt am Energieverbrauch der Industrieländer. Am Abschmelzen der Polkappen. Büfett beendet? Sonst helfen noch Hinweise auf das neue Sperrwerk namens *Mose* oder die ebenfalls noch nicht alte Erkenntnis, dass die Häuser keineswegs auf Pfählen stehen (außer an der Kanalseite), sondern auf soliden Mauern auf dem Boden der Inseln. Deshalb versinken sie auch nicht; die Plätze werden

VENEDIG

nur gelegentlich überflutet. «In venezianischen Häusern wohnt man immer so weit oben wie möglich», ist ein Kommentar, der von menschlichem Einfühlungsvermögen zeugt. Oder ein wenig kritisch: «Leider sind viele Palazzi inzwischen an reiche Ausländer vermietet.» Rührend, aber immer wieder gern gehört: «Ich empfinde die Stadt wie ein Gemälde, in dem man spazieren gehen kann!»

Das meinen Kenner

«In Casino Royale *ließen wir einen ganzen Palazzo versinken, und anschließend fragten die Leute: Warum nur einer? Warum nicht die ganze Stadt?»*
– DANIEL CRAIG, SCHAUSPIELER

«Venedig ist eine Stadt für Tierfreunde und ihre Lieblinge. Katzen, Tauben und Salmonellen fühlen sich dort wohl.»
– PATRICIA HIGHSMITH, AUTORIN

«Wer aus dieser Stadt nicht flieht, der kennt sie nicht.»
– GIACOMO CASANOVA, WELTREISENDER

SPANIEN

MADRID

Stauforscher, Schwerhörige und Raucher lieben diese Stadt! Die Durchgangsstraßen sind breit, doch die Autoschlangen verknäueln sich hier hartnäckiger als anderswo. Schwerhörige erlangen ihr Gehör zurück, weil der durchschnittliche Geräuschpegel bei achtzig Dezibel liegt, wie beim Gebläse eines Laubpusters. Raucher werden ebenfalls glücklich; sie brauchen sich in Madrid nicht um europäische Gebote zu kümmern. Und nirgends werden so viele Retortenbabys gezeugt wie in dieser fortschrittlichen Umgebung. Nirgends werden so viele Genehmigungen für Genpflanzen erteilt. Sensible und allergische Menschen sollen nicht meckern. Man empfiehlt ihnen, erst spätabends das Haus zu verlassen. Daraus hat sich ein reges Nachtleben entwickelt.

Das kann man auslassen

Plaza Mayor. Der große viereckige Platz wurde früher für Stierkämpfe, Ketzerverbrennungen und Erschießungen genutzt. Heute kommen ausschließlich Touristen hierher, abgeladen von

Busunternehmern und Fremdenführern, die in den überteuerten Restaurants und Nippesläden ihre Provision abholen. Das Reiterstandbild in der Platzmitte ehrt Philipp (Felipe) III., der vor vierhundert Jahren den Niedergang des spanischen Weltreichs beschleunigte. Unter den Arkaden gibt es Toreropüppchen zu Höchstpreisen. Die Tourismusbehörde hat vor zehn Jahren einen Wettbewerb ausgeschrieben für die beste Antwort auf die Frage: «Warum soll man diesen Platz besuchen?» Die Ausschreibung soll fortgesetzt werden, bis jemandem etwas eingefallen ist.

Puerta del Sol. Für diesen Platz soll der «Warum nur, warum?»-Wettbewerb beginnen, wenn das Mayor-Preisausschreiben beendet ist. Ratlose Touristen stehen vor dem alten Postamt, das leider doch nicht der Königspalast ist. Mangels anderer Motive fotografieren sie die Tío-Pepe-Werbung und suchen im Pflaster den Null-Kilometerstein, von dem aus sternförmig ein paar verpestete Straßen ausgehen, darunter zwei schäbige Fußgängerzonen. Die Einheimischen kommen allenfalls zu Silvester hierher, und auch dann nur ungern. Das Reiterstandbild, meist eingerüstet, stellt Karl III. dar, der sich vergeblich bemühte, Aufstände in den Kolonien niederzuschlagen. Ein Denkmal zeigt das Wappen Madrids: einen Bären, der sich zu einem hochgezüchteten Erdbeerbaum reckt, heute Symbol eines ortsansässigen Gen-Konzerns.

Palacio Real. Im Königspalast haust die über Unterwäsche, Kokain und Seitensprünge zerstrittene monarchische Familie. Eigentlich war die Monarchie in Spanien bereits vor achtzig Jahren abgeschafft. Der große Diktator General Franco führte sie wieder ein und suchte sich Juan Carlos de Borbón als König aus. Der verzichtete nach Francos Tod 1975 zwar auf die Diktatur, blieb aber König im noblen Palast. Eine Anzahl von Gemächern mit Stuck, Tapisserien, Brokat, Porzellansammlungen und Rentnerplunder ist zu besichtigen. Bürger der Europäischen Union, deren Steuergelder den Palast aufrechterhalten, haben mittwochs freien Eintritt.

Prado. Der «stickigste Schlafsaal der Malerei» (Salvador Dalí) ist immer noch schlecht belüftet. Müffelnder Staub nistet in den Wandgeweben. Die Müdigkeit stammt jedoch auch von der Hängung der Barockwerke, denen das Haus seinen Spitznamen verdankt: «Museo de Jamon», Schinkenmuseum. Die meistumlagerten Schinken (15000 Besucher pro Tag) befinden sich in der ersten Etage: Velázques und Goya. Ausgewiesene Kenner wie Joan Miró empfahlen den Besuch der Säle am Montag, «denn dann ist geschlossen, und man kann sich ohne schlechtes Gewissen sonnen». Das gilt auch für das nahe und ähnliche *Museo Thyssen-Bornemisza*, leider jedoch nicht für das *Centro de Arte Reina Sofia* mit Miró-Werken, das boshafterweise montags geöffnet hat.

Escorial. Der festungsartige Palast eine Stunde nördlich von Madrid war das erklärte Lieblingsbauwerk von General Franco. Ihm gefiel der Ausdruck von Macht und Einschüchterung. Er nannte das Bauwerk «die schönste Strafanstalt der Renaissance». Ganz falsch ist das nicht. Der hermetische Bau diente allerdings vorwiegend der Selbstbestrafung – vor allem dem mönchischen König Philipp II., der sich nach Armada-Untergang und folgendem Staatsbankrott hierher zurückzog. Der greise Juan Carlos hat den Escorial zum Nationalsymbol erklärt. Der Staat sei abermals bankrott, werde aber «bis zuletzt die Fenster dieses Palastes putzen lassen». Davon gibt es genau 2673. Die Putzer sind illegale Immigranten aus Marokko.

Toledo. Das zweite in einer guten Stunde erreichbare Ausflugsziel war im Mittelalter Spaniens Hauptstadt. Jetzt hat es so viele Einwohner wie Lüneburg und gibt sich Mühe, mit den Resten von Burgen und Klöstern all die Touristen zu locken, die von Madrid frustriert sind. In den Gassen werden importierte Keramiken und Fliesen («Azulejos») als garantiert echt verscherbelt. Ferner gibt es Postkarten, Leder und «Marzipan», eine zähe Zuckermasse, die in Iberien seit tausend Jahren zum Zähneziehen benutzt wird.

So wird man lästige Mitreisende los

➽ Im Retiro Parque. Der berühmte Seufzer «Madrid me mata» (Madrid bringt mich um) wird an vielen Stellen der Stadt unversehens Wirklichkeit. Unserem lästigen Mitreisenden empfehlen wir den Parque del Buen Retiro oder kurz Retiro. «Sieh dir den See an, auf dem wurden einst Seeschlachten nachgestellt, besonders der Untergang der Armada. Herrlich ist auch der Kristallpalast, und dahinter sind idyllische stille Wege, in denen man sich wie im Paradies fühlt.» Vielleicht klappt es.

➽ Auf dem Zebrastreifen. «Da ist ein Zebrastreifen! Geh schon mal rüber!» Dem guten Tipp fallen jedes Jahr aufs Neue naive Reisende aus gemäßigten Zonen zum Opfer. Madrids Autofahrer gelten innerhalb Spaniens als die aggressivsten. Zebrastreifen sind hier nicht Überwege für Fußgänger, sondern eine Aufforderung für Fahrer, bei Rot noch einmal kräftig Gas zu geben, um das Ende des vorderen Staus zu erreichen.

➽ In der Metro. Die Metro gilt als typisch madrilenisch, weil sie mit illegalen Bauarbeitern und gefälschten Materialien errichtet wurde. Die baskische Separatistenorganisation hat erklärt, es ginge gegen ihre Ehre, hier eine Bombe zu legen, da die Tunnel schon von selbst bröckeln. Trotzdem legen wir dem Technikfreak unter unseren Mitreisenden eine Fahrt nahe. Denn in der Metro sind, wie in den Touristenvierteln, buntbekleidete Trupps eines

MADRID

unbekannten Volkes unterwegs, das Handtaschen, Brieftaschen, Rucksäcke, Ringe, Halsketten, Uhren und Handys benötigt. Wer sich wehrt, gilt als *fallecido* oder *muerto*. «Das soll eine tolle Fahrt sein!»

Typisch Madrid

Vergreistes Nachtleben. Vom 25. Lebensjahr an gelten zehn Prozent der spanischen Männer als Alkoholiker. Vorher wird nicht gezählt, danach steigt der Prozentsatz. Diesem Umstand und dem stickigen Tagesklima verdankt Madrid ein emsiges Nachtleben. Weil Spanien das europäische Land mit der stärksten Überalterung ist, sind auch Traditionsraucher und gesetzte Trinker willkommen. Optimal für betagte Reisende: Das Angesagte von gestern und vorgestern kommt immer erst morgen in Madrid an. Nostalgiker können hier die vor Jahren versäumten Trends nachholen.

Ewig junge Diktatur. Die Madrilenen sind stolz: In ihrer Stadt regierte der langlebigste Diktator Europas. Francisco Franco, liebevoll *el gaudillo* genannt, *der Führer*. Er brachte es auf 36 Jahre Alleinregierung (Salazar in Portugal 35 Jahre, Stalin 27 Jahre). Seine Herrschaft endete mit seinem Entschlafen im Alter von 83 Jahren. Sein diktatorisches Gehabe lebt indes fort: im Straßenverkehr, bei den Polizisten, bei den Kellnern, bei den Männern überhaupt. Das *Instituto de la Mujer* fand heraus: Für eine Spanierin im Alter zwischen 16 und 46 seien Verletzung und Tod durch einen Mann wahrscheinlicher als durch Krebs.

Retortenbabys. Spanien ist das Land mit den liberalsten Biomedizingesetzen, Madrid die Stadt mit den meisten Reproduktions-

kliniken. Eingefrorene Embryonen, gespendete Eizellen, thera-
peutisches Klonen: Hier gibt es alles. Reproduktionsmedizin und
Biotechnologie sind im Kabinett eigens durch eine Ministerin ver-
treten. Es sind jedoch vorwiegend Ausländer, die zwecks Vermehrung nach Madrid kommen, Paare um die vierzig. Spanien bleibt
das Land mit der niedrigsten Geburtenrate, Madrid die Stadt mit
den meisten tiefgefrorenen Embryonen.

Unverdauliche Landesspezialitäten

«Nichts ist so deprimierend wie die Tapas-Hysterie der Touristen», seufzte Sterne-Koch Joan Borrás, bevor er seinen Michelin-
Stern zurückgab. Er hielt es für schändlich, den Fremden Übrig-
gebliebenes und Zusammengefegtes als Spezialität anzudrehen.
Die meisten Barbetreiber hegen diese Skrupel nicht. Sie legen
Gammelpilze in Sud, tunken alte Kartoffelscheiben in Mayonnaise,
ertränken Sardellen in billigem Industrieöl und klatschen Matsch-
tomaten auf Toast. Das und andere Abfälle verzehren Touristen
begeistert, wenn es nur *Tapas* genannt wird. Fehlt noch eine
Portion Genmais, dazu Gemüse, das direkt von den verseuchten
Anbauflächen um Almería stammt und nicht exportiert werden
darf, obendrein der berüchtigte gepanschte Rioja, ein brutales
Tortenstück hinterher – und vollendet ist das Glück derjenigen,
die es vermeiden. Madrid ist nicht nur wegen der belasteten Luft
die Hauptstadt der Allergiker, sondern auch wegen der belasteten
Grundnahrungsmittel. Mit der Einnahme von Medikamenten und
der Inhalation von Kortikoiden sollte rechtzeitig vor der Reise
begonnen werden.

Das reicht für das Expertengespräch

Wer nicht im Prado war und deshalb nicht *Las Meninas* (*Die Hoffräulein*) von Velázquez live gesehen hat, bekommt Glückwünsche vom Bildhauer Alfred Hrdlicka («ein dummes Gemälde») und kann trotzdem mitreden. Auf dem Bild ist eine fünfjährige Königstochter zu sehen, dazu Kindermädchen und Hofzwerge, auch der Maler selbst, das königliche Elternpaar hingegen nur schattenhaft im Spiegel. «Stellt das die Kunst nicht höher als das Königtum?», ist laut Kunsthistoriker Erwin Panofsky eine Frage, die Kennertum beweist und keine weiteren Nachforschungen zur Folge hat. Dazu sollte «echte Betroffenheit» kommen bei demjenigen, der das Reina-Sofia-Museum und also auch Picassos *Guernica* ausgelassen hat, es aber lieber nicht gestehen will. Innerhalb Spaniens gelten die Madrilenen als gestresst und arrogant; ein Hinweis darauf reicht für einen gelungenen Expertenabend.

Das meinen Kenner

«Zeigt mir eine andere europäische Stadt, in der ein Mann noch kämpfen darf!»
 – ERNEST HEMINGWAY, SCHRIFTSTELLER

«Die Menschen sind abweisend, die Stadt unwirtlich. Wollten Sie dahin? Viel Spaß.»
 – MONTSERRAT CABALLÉ, SÄNGERIN

«Womit hab ich das verdient?»
 – PEDRO ALMODÓVAR, REGISSEUR

MADRID

ANDALUSIEN

Der Süden Spaniens bietet die Gelegenheit, islamische Baukunst zu loben, ohne ein islamisches Land betreten zu müssen. Die maurischen Eroberer kamen um das Jahr 700 und hielten beinahe achthundert Jahre aus. Geblieben sind ein paar Rezepte, Sprachbrocken und Bauformen vom Patio bis zu Minaretten und Palästen. Zu Andalusiens neueren Errungenschaften gehören der industrielle Anbau von Olivenbäumen und die Anreicherung von Fungiziden, Pestiziden und Insektiziden unter kilometerlangen Plastikplanen. Als Träger der Gifte dient Gemüse, das anschließend exportiert wird.

Öde Orte

Ronda. Andalusien wird als Land der weißen Dörfer verkauft. Ronda ist das einzige weiße Dorf. Die anderen sehen lediglich von weitem so aus. Nur Ronda wird für zahlungswillige Fremde geputzt, gekalkt, getüncht, gewienert. Von allen anderen Orten mit dicken Mauern und staubigen Gassen unterscheidet es sich durch eine hundert Meter tiefe Schlucht, die Altstadt und Neustadt trennt. Das ermöglicht spektakuläre Zooms von der Brücke abwärts («Der Kleine da unten ist Felix») und von unten aufwärts zur Brücke («Da oben winkt Kathrin»). Ronda besteht aus Hotels, Restaurants und Souvenirläden, allerdings nur zu hundert Prozent.

Jerez. Die Stadt ist hässlich, bietet aber kostenlosen Alkohol bei sogenannten Verkostungen in den Sherry-Kellern. Daher die vielen

Busse. Für Sherry («Jerez») wird Weißwein verwendet, der nicht mehr verkauft werden darf. In Fässern gelagert, wird er zu etwas Dickflüssigem, das alte Herrschaften in kleinen Schlucken trinken sollen. Akzeptable Sherry-Qualitäten werden exportiert, die inakzeptablen werden in den Gewölben von Jerez ausgeschenkt.

Sevilla. Eine Großstadt mit engen Straßen, in denen sich die Abgase als bleierne Dunstschicht ablagern. Aus dieser Schicht ragt ein Minarett hervor, das zum Kirchturm umgewidmet wurde: die *Giralda*, die zu besteigen Fremdenführer beharrlich empfehlen («toller Rundblick»), um Zeit zu gewinnen. Denn Sevilla bietet sonst nur eine bemitleidenswerte Ruine (*Alcázar*), ein paar Innenhöfe mit Fliesen und eine überdimensionierte Kathedrale, in der eine leere Grabstätte seit fünfhundert Jahren auf die Gebeine von Kolumbus wartet. Touristen laufen durch das *Barrio Santa Cruz*, ein zum Nepp-Shoppen hergerichtetes Altstadtviertel.

Córdoba. Individualreisende zerschrammen hier ihre Leihwagen. Die Gassen sind nicht breiter als eine Mülltonne und werden auch ähnlich genutzt. Alle Fremden streben zu einem einzigen Ort: zur *Mesquita*. Das ist eine Halle mit vielen hundert Säulen, die im Mittelalter als Moschee erbaut worden ist. In den rotgrauen Säulenwald wurde vor fünfhundert Jahren eine Kathedrale gesetzt. Studienreisende dünken sich tolerant und edel, wenn sie diesen Einbau tadeln. Tatsächlich passt er so gut in die Moschee wie ihr Reisebus auf den Vorplatz.

Granada. Die *Alhambra*, die muslimische Palastanlage über der Stadt, ist das meistfotografierte Gebäude Spaniens. Karten sind im Voraus zu ordern. Die kamerabewaffneten Reisetruppen werden in Garnisonsstärke durch Gänge und Säle getrieben, von Führern, die einem strikten Zeitplan unterworfen sind. Atmen ist nicht erlaubt. Entspannender, aber immer noch ein Massenerlebnis, ist ein Gang durch die Gärten des darübergelegenen Sommerpalastes *Generalife*. Die Stadt bietet sonst die üblichen Gassen und eine Kathedrale und im Hintergrund kahle Berge mit Restschnee.

So wird man lästige Mitreisende los

Als 2010 das Minarett in der alten marokkanischen Stadt Meknès einstürzte, erhoben sich nicht nur vierzig Seelen in die Gefilde der Ewigkeit. Es stellte sich auch heraus, dass das Minarett in derselben Art und von denselben Baumeistern errichtet wurde, die Sevilla mit der Giralda beschenkten. «Da müssen Sie einfach rauf!», empfehlen wir also unserer redseligsten Mitreisenden. «Ich habe das vor drei Jahren gemacht», ergänzen wir, «absolut einmalig!» Es ist leider unwahrscheinlich, dass die Giralda gleich darauf zusammenbricht. Wahrscheinlich ist aber, dass unsere Schnatterreisende zusammenbricht – nach den fast hundert Metern auf einer stufenlosen steilen Spiralrampe. Zumindest wird sie einige Stunden sprachlos sein. Sehr schön sind dann zum Ausspannen die Besäufniskeller von Jerez. «Da müssen Sie sich einfach durchprobieren!» Ehe die Besucherin es wahrnimmt, hat sie mehr Sherry geschluckt, als selbst eine norddeutsche Bischöfin vertragen würde. Und tschüs. Jerez verfügt über spezialisierte Kliniken und Ausnüchterungszellen.

Typisch Andalusien

Stecken bleiben. Die Gassen in den alten Innenstädten sind so breit, dass zwei Eselstreiber sich aneinander vorbeidrücken können. Zwei Autos schaffen es nicht. Bereits *ein* Auto kommt nur hochkant und mit eingezogenen Rädern voran. Wer seines nicht für immer festrammen will, wählt eine Tiefgarage am Stadtrand oder einen bewachten Parkplatz. Wichtig: Vor allem selbsternannte uniformlose Wächter müssen bezahlt werden, sonst kommt das Auto auf mysteriöse Weise zu Schaden.

Flamenco. Guides und Busfahrer geben Geheimtipps für Flamenco-Vorführungen, zu denen sonst niemand findet, die also nicht kommerziell sind, sondern quasi privat stattfinden und auf jeden Fall authentisch sind. Allerdings kosten sie Eintritt, mehrere Busse stehen vor der Tür, und Gitarrenspiel, Gesang, Geklatsche und Tanz machen einen reichlich abgenudelten Eindruck. Kulturreisende kaufen gleichwohl die signierten DVDs und Remix-CDs. Wer geizig ist, nutzt wenigstens die Gelegenheit, den Gitanos klarzumachen, dass er das Wort «Zigeuner» niemals benutzt hat und auch sonst keinerlei Vorurteile hegt.

Semana Santa. Wenn der Verkehrsstau nicht mehr endet, handelt es sich entweder um einen Nationalfeiertag oder um die *Semana Santa*: Partyfrohe Gläubige kostümieren sich in Büßergewändern und stellen täuschend echt den Leidensweg zum Kreuz nach, in karnevalsähnlichen Umzügen. Anschließend trinken sie reuevoll blutrote Getränke aus Gläsern. Es handelt sich um eine alte Tradition, die auf dem tiefen Glauben der Südspanier an den Alkohol basiert.

Unverdauliche Landesspezialitäten

Die skrupellose Resteentsorgung namens *Tapas* wird auch in Andalusien emsig betrieben, seit die Müllgebühren gestiegen sind.

Touristen reagieren zuerst begeistert, dann mit heftigen Allergien. Besonders der gefürchtete *Serranoschinken* von hellhäutigen Hausschweinen (oder was man so nennt) hat nach zwölf Monaten Lufttrocknung Symptome zur Folge, die nur mit massiven Cortisongaben unterdrückt werden können. Das liegt nicht nur am hormongepäppelten Schwein, sondern auch an der feinstaubgesättigten Luft, der er ausgesetzt war. Harmloser ist das authentische Bauerngericht *Migas* aus Hartweizengrieß, Wasser, Olivenöl und Salz. Es wird als letzte Mahlzeit all jenen gereicht, für die der Nothubschrauber schon bereitsteht.

Das reicht für das Expertengespräch

Andalusien-Urlauber behalten in Erinnerung, dass das Land mal unter arabischer Herrschaft war. Dass es weiße Dörfer gibt. Und dass sie auf der Alhambra den Löwenbrunnen fotografiert haben. Ach ja, und dass die Mezquita (War sie in Sevilla? Oder in Granada?) besser unangetastet geblieben wäre. Wenn die Urlaubsbilder gezeigt werden, passt auf jeden Fall ein Lob des filigranen maurischen Stils. Als Ausweis der Toleranz genügt ein Hinweis darauf, dass die *Reconquista* (die katholische Rückeroberung) etwas ruppig war. «Sie können in abendlicher Runde die islamische Zeit als besonders tolerant verklären», meint der spanische Historiker Gregorio Maranon. «Oder Sie können daran erinnern, dass unter den Kalifen Steinigungen, öffentliche Erhängungen und lebendige Beerdigungen üblich waren.» Es kommt wohl auf die Atmosphäre des Gespräches an. Nicht fehlen darf eine Debatte über den Stierkampf. Authentisches altes Ritual oder mangelnde Tierliebe? Die Diskussion sorgt für hitzige Stimmung,

ANDALUSIEN

gute Durchblutung und dafür, dass der billige Rioja vom Discounter als echt durchgeht.

Das meinen Kenner

«Ich empfehle Ihnen die Küste Andalusiens zwischen Malaga und Torremolinos. Sie werden ein für alle Mal vom Reisen geheilt sein.»
  – CAMILO JOSE CELA,
      LITERATURNOBELPREISTRÄGER

«Müsste ich in Andalusien wiedergeboren werden, dann bitte als Stier, um in der Arena möglichst schnell erlöst zu werden.»
  – LOLA FLORES, SÄNGERIN

«Was für ein Trübsinn! Was für ein elender Landstrich!»
  – JUAN DE TORQUEMADO, HISTORIKER

GRIECHENLAND

ATHEN

Niemand hat die Athener so überzeugend verteidigt wie der frühere Ministerpräsident Kostas Karamanlis: Die Athener seien weder taub noch stumm. Sie seien ansprechbar und könnten sogar antworten, allerdings nur innerhalb ihrer eigenen vier Wände. Karamanlis reagierte damit auf die Beschwerden von Reiseveranstaltern, ausländische Touristen könnten in Athen keinen Kontakt zur einheimischen Bevölkerung aufbauen. «Das liegt daran», erklärte Karamanlis, «dass echte Athener Ohrstöpsel tragen wegen des Lärms, also nicht hören können; und Atemschutzmasken wegen des Smogs, also nicht sprechen können.» Außerdem, ließ der Politiker durchblicken, beherrschten die Athener keine Fremdsprachen. «Wenn jemand Deutsch oder Englisch mit Ihnen spricht, ist das eine Prostituierte.»

Na, immerhin. Tatsächlich ist es erstaunlich laut und erstaunlich dreckig in dieser einst berühmten Stadt, die kürzlich in einem Fernseh-Voting zur hässlichsten des Landes gewählt wurde. Laut ist Athen vor allem deshalb, weil ein altes Verkehrssicherheitsgesetz die ständige Überprüfung der Hupe durch den Fahrer vorschreibt. So wie in Deutschland ein Lokführer regelmäßig ein Pedal oder eine Taste betätigen muss, andernfalls wird Alarm ausgelöst, so muss ein griechischer Autofahrer alle drei bis vier Minuten die Hupe drücken, sonst schöpft die Polizei Verdacht. Das Gesetz ist vor mehr als zehn Jahren abgeschafft worden, doch der innere Zwang lebt im Herzen der Fahrer fort. Es wird unaufhörlich gehupt. Dieser ständige Daseinsbeweis gilt auch für Roller- und Motorradfahrer und selbstverständlich in besonderem Maße nachts.

Deshalb tragen die Fußgänger Ohrstöpsel. Hotelgäste tun das am besten auch, wenn sie schlummern wollen. Denn die Stadtreinigung von Athen ist von Amts wegen verpflichtet, jeweils die erste Tiefschlafphase der Gäste gegen halb zwei Uhr nachts und die zweite Tiefschlafphase gegen halb vier Uhr morgens durch lärmendes Leeren und Herumbugsieren von Eimern und Containern zu stören.

«Die Unterbrechung der Schlafphasen bewirkt oft interessante Träume, und Träume spielten schon im antiken Griechenland eine große Rolle», lehrte die griechische Kulturministerin Dora Bakojanni. Dass es in Athen vorwiegend zu Albträumen kommt, erklärte sie mit dem hohen Schadstoffanteil der schwül-stickigen Luft. Direkt im Stadtzentrum befinden sich zahlreiche Industriebetriebe, die authentisch und im traditionellen Sinne produzieren, also ohne Rußfilter und Entgiftungsanlagen. «Tradition hat in Griechenland immer eine große Rolle gespielt.» Der Smog in der von Hügeln umgebenen Stadt wird obendrein durch die Hauptverkehrsstraßen angereichert, deren Verhältnis zu Grünflächen nach letzter Auswertung 97:3 beträgt; das ist olympischer Weltrekord.

Sicher hängt es auch mit diesem Umstand zusammen, dass so viele Hunde röchelnd auf der Straße liegen. Die meisten versuchen wild zu leben, schließen sich aber gern Menschen an, die freundlich zu ihnen sind; das sind ausschließlich Touristen. Denen folgen die Hunde gern durch die ganze Stadt oder zumindest bis zur Imbissbude, noch lieber aber bis ins Hotelzimmer und am allerliebsten noch ins Auto nach Deutschland. Tipp: Die Hunde trauen sich nicht in die U-Bahn. Sie sind in Athen einst angeschafft worden, um die Katzen zu vertreiben, die Jahre zuvor ausgesetzt worden waren, die Ratten zu vertreiben. Inzwischen haben die Ratten gelernt, die Hunde zu vertreiben. Das Leben ist ein Kreislauf, lautet ein Wahrspruch der alten griechischen Philosophie.

Gibt es sonst noch etwas in Athen? Ach so, ja, die *Akropolis*. Das ist das Ensemble antiker Bauwerke auf dem Hügel im Zentrum. Viele Touristen zieht es hierher, natürlich nicht, um die säurezerfressenen Säulen und Friese zu betrachten, sondern um einmal, nur ein einziges Mal, blauen Himmel zu sehen und Atem zu schöpfen. Die Stadt ist von hier oben nicht zu sehen. Aber man hört, wo sie liegt, unmittelbar zu Füßen, unter der undurchdringlichen Dunstglocke.

Was die Bauten da oben betrifft, die sogenannten Propyläen, das Erechtheion, den Nike- und den Parthenon-Tempel, so befinden sich ihre sehenswertesten Teile nicht hier, sondern im British Museum, also in London. Als Griechenland vor zweihundert Jahren unter türkischer Herrschaft stand, kaufte der englische Lord Elgin dem Sultan die bedeutendsten Teile der Akropolis-Reliefs ab. Vor wenigen Jahrzehnten noch haben griechische Kulturminister diese Werke zurückgefordert, seither sind die Stimmen leiser geworden. In Athen, darüber sind sich die Offiziellen mittlerweile einig, hätte keines der Stücke überlebt.

TÜRKEI

ISTANBUL

Istanbul ist eine Stadt an trüben Gewässern. In Nord-Süd-Richtung verläuft ein kilometerbreiter Abwasserkanal namens Bosporus. In der Antike wurde er zum Ende Europas erklärt. Inzwischen überspannt ihn eine Brücke, ein Tunnel ist im Bau, und Istanbul wirbt mit dem Slogan *Stadt auf zwei Kontinenten.* Bauten und Straßen wirken noch einigermaßen westlich, wenngleich Einwanderer aus Anatolien Wirtschaft und Stadtbild immer stärker beherrschen. Die europäische Seite wird von einer fjordartigen Bucht namens *Goldenes Horn* in einen szenigen Nordteil und einen touristischen Südteil getrennt. Dieses Horn verfügt über einen einzigartigen Reichtum an Quallen, den die Anwohner durch stetes Zufüttern von Müll aufrechterhalten. Die historischen Berühmtheiten – Hagia Sophia, Blaue Moschee, Topkapi-Palast – liegen alle auf der südlichen Halbinsel. Hier befindet sich der Ursprung Istanbuls, das bis 1930 Konstantinopel hieß. Die hügelige Altstadt blickt auf einen Ableger des Mittelmeeres, das Marmarameer. An dessen Färbung erkennen geschulte Anwohner, wann wieder ein russischer Tanker der Leichtbauweise zerbrochen ist und wie viel Öl er geladen hatte. Seismologen sagen der Stadt ein mächtiges Erdbeben binnen zweier Jahrzehnte voraus. Man solle vorher hinfahren.

Warum man es auch lassen kann

Istanbul ist vor allem eine Großstadt. Ein enges, staubiges, mit Lärm und Abgasen gefülltes Knäuel von Sackgassen. Auf dem Galataturm am Nordufer des Quallenhorns gibt es eine Webcam, die kaum Bilder sendet, weil die Dunstglocke bereits in sechzig Meter Höhe zu dicht ist. Wer sich selbst hinaufbemüht, kann auf knappem Raum aneinandergepferchte Häuser erspähen. Die meisten scheinen gerade zu verfallen oder abgerissen zu werden, oder sie sind nie fertig geworden. Zwischen ihnen staut sich der Verkehr, für den die schmalen Gassen nicht gebaut wurden. Und überall wimmeln Menschen, die so unterschiedlich aussehen, dass es jeden Touristen verwundert, dass er sofort als Tourist erkannt und von Händlern umworben wird. Das passiert natürlich besonders rund um die sogenannten Sehenswürdigkeiten.

Hagia Sophia. Dieser Kuppelbau sieht aus wie eine Moschee. Doch es ist umgekehrt: Die *Heilige Weisheit* war die erste große Kirche des Christentums und wurde zum Vorbild für große Moscheen. Als Konstantinopel 1453 von osmanischen Truppen geplündert wurde, blieb das tausend Jahre alte Gebäude stehen. Es wurde zur Moschee umgewidmet und mit Minaretten umstellt. Und eine Moschee blieb es, bis der unsentimentale Republikgründer Atatürk es vor knapp achtzig Jahren zum Museum erklärte. Im düsteren Inneren führt eine gewundene Rampe aufwärts zu überputzten Gemälden und grämlichen Mosaiken. Den besten Blick hat man, wenn man ein paar Postkarten anschaut. Vor Ort stören Gerüste den Blick, und zwar immer. Ein Arbeiter ist nie darauf zu sehen. Vermutlich sollen Ständer und Balken nur die Kuppel abstützen, die nach Prophezeiungen orthodoxer Gelehrter beim nächsten Beben den ganzen Dark Room unter sich begraben wird.

Blaue Moschee. In Sichtweite der Hagia Sophia, an leibhaftigen sechs Minaretten zu erkennen, steht die Sultan-Ahmed-Moschee, die *Blaue* genannt, weil blaue Fliesen und blaue Fensterscheiben zu bestaunen sind – und viele blaue Zehen. Denn hier muss man die Schuhe ausziehen. Diese Moschee ist in Gebrauch. Der Eindruck, in den Nischen oder Gewölben lagere Ziegenkäse zur Reifung, täuscht. Der Duft geht von den zahllosen Socken und Füßen aus, die hier nach tagelanger Pilgerschaft zum ersten Mal gelüftet werden. Unter der Kuppel hängen ausgeblasene Straußeneier. Interessierte Touristen erfahren, es handele sich um ein natürliches Mittel der Spinnenvertreibung; die Gelegenheit zum Erwerb solcher Eier ergebe sich später. In Wahrheit handelt es sich um Schmuck, der das Auge Gottes symbolisiert. Spinnen, besonders die von Kleinasien einwandernden, lieben Straußeneier.

Topkapi-Palast. Nicht aus Bescheidenheit, sondern aus Furcht vor Erdbeben bauten die osmanischen Herrscher nicht hoch. Die meisten Gebäude dieses Palastes sind zweigeschossig. Er fällt von außen nur durch eine Vielzahl an Kuppeln auf, über die in alten Krimis Spione und Juwelendiebe balancieren. Heute schreitet man ermattend von Hof zu Hof, ahnt schon, dass nach der Palastküche auch der Harem nichts hergibt, und endet nach ausgiebiger Waffenkontrolle im Topkapi-Museum, das mit pompösem Flitter gefüllt ist. Auch ein paar Reliquien sind dort zu bestaunen: von Johannes dem Täufer der Arm, der ihm beim Schwur «Ich gebe Ihnen mein Ehrenwort» abfiel. Und von Mohammed Teile seines Mantels sowie echte graue Haare – der verehrungswürdigen Bart des Propheten. Das Beste von allem sind die Aussicht und die Erleichterung, wenn man wieder draußen ist.

Dolmabahce-Palast. Als die Sultane per Inzest in die finale Debilität drifteten, ließen sie sich rasch noch einen Palast am Bosporus-Ufer bauen. Mitte des 19. Jahrhunderts wurde er von

europäischen Barockschlössern abgekupfert und geriet genauso
langweilig. Die Fremdenführer erläutern den Durchschlurfenden,
wie viel Blattgold, Keramik und Kristall für die Ausstattung ver-
ballert wurden und warum der letzte Sultan drei wassergespülte
Toiletten gleichzeitig benötigte. Als Highlight gilt «der größte
Kronleuchter der Welt» mit 750 Glühbirnen, von denen einzelne
bereits von engagierten Klimaschützern durch Krampen erledigt
werden konnten.

Großer Basar. Das überdachte Gängeviertel namens Großer
Basar gehört zum Schnupperprogramm «Orient – beinahe echt».
Hier gibt es alles, was keiner haben will. Kreischbunte Stoffe,
schnörkelige Hängelampen, behämmerte Kessel, geklontes
Gemüse, klapprige Smartphones, verpilzte Gewürze, siruptriefen-
des Gebäck, türkische Blusen, türkische Hemden, türkische Hosen,
türkische Schuhe, schartenfreie Messer zum Schächten und Spa-
ten zum Eingraben widerspenstiger Töchter. Die von den Händlern genannten Preise lassen sich um die Hälfte drücken und sind
dann nur noch doppelt so hoch wie die Preise für gleiche Ware
außerhalb.

Bosporus. Ob in fünf Stunden zum Schwarzen Meer und zurück
oder nur eben rüber nach Asien: Alle touristischen Bootsfahrten
dienen der Bewunderung des Reichtums an schwimmenden Nesseltieren und ihrer Tentakel. Wer den Blick über die Reling hebt,
kann jedoch auch am Ufer reges Leben erblicken. Wolkenkratzer
jener *anatolischen Tiger* entstehen, die mit frommer Gnadenlosig-
keit die Macht im Land ergriffen haben. Alte und mit nostalgischen
EU-Geldern restaurierte Holzhäuser werden eingerissen, um
praktischeren Betonklötzen Platz zu machen. Auf beiden Seiten,
vor allem aber auf der asiatischen, drängen sich die berüchtigten
steuerfreien «über Nacht erbauten» Häuser, die gewöhnlich auch
über Nacht einstürzen.

ISTANBUL

Noch bitterer. Freiwillig sieht sich niemand das *Hippodrom* an, aber einheimische Reiseleiter sind stolz auf die Reste der antiken Pferderennbahn am *Sultanahmet-Platz*. Archäologen haben sie versehentlich freigelegt. Die meisten Bürger möchten sie wieder zuschütten. Nicht weit davon befindet sich eine unterirdische Zisterne aus römischer Zeit, die aussieht wie eine geflutete Kathedrale, *Yerebatan-Saray* genannt. Zurzeit wird erforscht, warum Besucher hier immer wieder ohnmächtig werden. Liegt es am Schimmel oder am Anblick der Glibberfische im Trinkwasser oder an unbekannten uralten Keimen? Überirdisch gibt es noch ein paar ermüdende Paläste zu vermeiden, obendrein die *Süleymaniye-Moschee*, die frommen Mosaiken in der *Chora-Kirche* und das gefürchtete *Museum für türkische und islamische Kunst*.

So wird man lästige Mitreisende los

»→ Beim Handeln. In Istanbul findet jeder Tourist schnell viele Freunde. Es sind Straßenhändler. Sie bieten echte Gürtel an, echte Schuhe, echte Badeschlappen, echte Mützen und echte T-Shirts, füllen Ayran ab, tüten Gebäck ein und wienern Obst mit ihrem Schnupftuch blank. Sie lassen sich ungern abschütteln. Sie zerren den Besucher auf eine lahmende Personenwaage, fangen dabei an, ihm die Sandalen zu putzen, und offerieren Lotterielose mit Gewinngarantie. Sie zaubern Flakons teuerster Parfüms herbei, und zwar überraschend billig, halbieren im nächsten Schritt den Preis, packen noch ein fabrikneues Handy dazu und schließlich ein Feuerzeug. «Tolle Atmosphäre!», erklären wir unserem lästigen Mitreisenden. «Probiere doch mal was aus!» Wenn ihm angesichts all der Plagiate der Schweiß auf der Stirn steht, schicken wir ihn zu dem freundlichen Herrn im Ladeneingang, der ein Tablett mit Teegläsern anbietet und einen Platz auf dem Sofa dazu. Kostenlos. «Das ist türkische Gastfreundschaft!», ermutigen wir. «Du musst nichts kaufen! Ruh dich da aus. Ich sehe mich hier draußen noch um.» Stunden später wird er eine antike Kalligraphie, eine goldene Kette oder einen Teppich gekauft haben. Oder er wird vom ständigen Abwehren und Erfinden nutzloser Entschuldigungen völlig geschafft sein.

⫸⫸+ **Bei der Besichtigung.** Es gibt den Doppeldeckerbus für Touris und die berühmte, einmal im Jahr gesäuberte Straßenbahn 38. Doch die meisten Wege geht man zu Fuß. Aus unklaren Gründen führen fast alle Straßen bergauf und nur ganz wenige bergab. Da die Autos ihre Abgase ungefiltert auspuffen, machen sich bei Touristen bald Konditionsmängel bemerkbar, an Füßen, Beinen und Lungenflügeln. «Dagegen trinken die Türken Raki», erklären wir unserem lästigsten Mitreisenden. Wir selbst dürften nicht, wegen unseres Magens. Prost oder vielmehr «Scherefe»! Wenn wir nun noch zu Fuß die Galatabrücke überqueren und dort um die Sardellenangler balancieren, ein paar Stationen in der vollgestopften U-Bahn fahren oder ein Museum besichtigen und anschließend in die Hitze treten, wird der Raki-Nebel plus Temperatur- und Atemschock letzte Dienste tun. All die Touristen, die auf einem Platz im Gras liegen, tun das nicht zur Entspannung, merkt nun auch unser Mitreisender. Sie haben einen Kreislaufkollaps erlitten. Es ist das häufigste Touristenerlebnis in Istanbul. Kein Atemzug, sagt der Prophet, geschieht ohne den Willen Allahs. Auch nicht der letzte.

⫸⫸+ **Beim Bauchtanz.** Ob wir Istanbul nun kennen oder nicht. Eines wissen wir ganz sicher: Diese Bauchtanzshow da auf dem Plakat, die ist authentisch. Aber total. Die muss man erlebt haben. «Wir haben sie schon vor ein paar Jahren gesehen» oder «müssen früh ins Bett». Viel Spaß! Besonders in der ruhmreichen Falle *Ori-*

ent-Haus mit freiem Eintritt und Zwangsmenü. Bauchtanzshows werden in Istanbul von importierten Tänzerinnen aus Russland bestritten oder von großkalibrigen Wuchtbrummen aus Bulgarien. Das Gefühl des Endlos-Repeat beginnt nach der dritten Minute. Zur Abwechslung werden unbegabte Leute aus dem Publikum auf die Bühne gezerrt und müssen mittanzen. Das amüsiert niemanden, am wenigsten unsere zum Tanz genötigten Mitreisenden. Im Web wird das Video allerdings gern gesehen.

Typisch Istanbul

Kopftücher. Um eine lästige Mitreisende loszuwerden, kann man ihr auch raten, nachts ein Taxi zu nehmen. Sie wird dann möglicherweise an einen Platz gefahren, etwas am Rand, den sie nicht kennenlernen wollte. Taxifahrer halten allein einsteigende Kundinnen vorwiegend für Prostituierte – besonders, wenn sie kein Kopftuch tragen. Eine stetige Islamisierung hat die letzten zwanzig Jahre bestimmt. Die Einwanderer aus Anatolien, religiös und ehrgeizig, prägen mittlerweile Stadt, Staat und Wirtschaft. Die Stadtteile Galata, Beyoğlu, Taksim, Şişli auf der nördlichen Landzunge zwischen Horn und Bosporus gelten noch als liberal. Doch auch hier tragen überraschend viele der jungen Frauen das Kopftuch. Nationalheld Kemal Atatürk, der markige Typ auf all den Denkmälern, hatte es einst unter viel Beifall abgeschafft. Mittlerweile ist es wieder ein Ausweis der Frömmigkeit, so ähnlich wie bei Männern der nikolausige Bart. Und es ist genauso ernst zu nehmen. Denn es signalisiert: Ich genieße Alkopops, ich liebe vorehelichen Sex, ich rauche, und für meine Eltern bin ich ein total anständiges Mädchen.

Katzen ja, Hunde nein. Istanbul ist gut für Katzen und ihre Fotografinnen. Weniger gut für Hunde. Der Orient, heißt es in einem alten Gleichnis, ähnele einer Katze, der Okzident einem Hund. Die Katze lässt sich von anderen aushalten, liegt den ganzen Tag herum, zwinkert mal in die Sonne, gähnt, räkelt sich, tappt ans Fenster, schaut lange auf die Straße, gähnt abermals und legt sich schlafen. Der Hund ist immer in Unruhe, läuft herum, wittert, erschnüffelt Gelegenheiten, trainiert die Muskeln, verschafft sich Gehör, will jagen. Nix da! Nur Katzen haben es gut in Istanbul. Ihnen wird Futter gestreut und Wasser vor die Hauseingänge gestellt. Worauf sie noch Appetit haben, finden sie im Abfall. Geschätzte dreihunderttausend Katzen, gut ernährt, streichen durch die Altstadt und um die Moscheen. Einige neigen zum aggressiven Betteln. Doch sie gelten als sauber und als Erdbebenwarner. Hunde hingegen sind unrein und potenziell tollwütig. Für sie gibt es ein Tierschutzgesetz, vor allem aber Kopfprämien. Gemeinden lassen Hunde einfangen, in Säcke stopfen und auf Mülldeponien abwerfen. Wer ohne Hundefoto nach Hause kommt, könnte in Istanbul gewesen sein. Wer ohne Katzenfoto kommt, auf keinen Fall.

Unverdauliche Landesspezialitäten

Es soll Reisende geben, die zum zweiten Mal nach Istanbul reisen und sich ausschließlich von Gurke ernähren, geschält und gesalzen. Wer zum ersten Mal anreist, kommt um Gegrilltes nicht herum. *Ekmek Balikcisi* – gegrillte Makrele mit dreißig Zwiebelringen im Fladenbrot – ist die feige Variante. Mutige oder vielmehr Unwissende bekommen die authentische Fassung: *Kokorec.* Dieser Grill-

ISTANBUL

spieß muss über Holzkohlefeuer garen und heiß verzehrt werden. Möglichst erst am letzten Tag, wenn der Abtransport im Flieger ohnehin unmittelbar bevorsteht. Dieses Nationalgericht besteht aus Hammelleber, Hammellunge, Hammelherz, Hammelmilz und Hammelfettstücken. Der Darm des geschächteten Hammels wird nach außen gestülpt und fest um die aufgespießten Leckerbissen gewickelt. Gegen die drohende Ohnmacht hilft *Turkish Delight*, auch *Loukoumi* genannt. Diese Köstlichkeit besteht aus Stärkemehl, gekochtem Reis, Zucker und einem Baumharz namens Mastix. Die aus der Masse geschnittenen Würfel müssen laut Gesetz so gut kleben, dass das damit gezogene Zahngold noch am selben Tag im Basar verkauft werden kann. Vom Erlös kann sich der Klient bis zum Abflug mit einer Wasserpfeife (*Shisha*) voller Cannabis betäuben.

Das reicht für das Expertengespräch

Die Stadt als lebendig und pulsierend zu beschreiben kann nicht verkehrt sein. Ein Hinweis auf verfallende innerstädtische Bezirke bei gleichzeitigem Bauboom taugt als Einstieg in einen problemorientierten Abend. Fromme und fleißige Aufsteiger aus den kurdischen Slums bilden mittlerweile das neue Establishment. Niemand weiß, ob ihr Weg Richtung Islamisierung geht oder eher Richtung Neoliberalismus und ob beides womöglich vereinbar ist. Sicher scheint, dass die Kurden in absehbarer Zeit die Mehrheit in der Türkei stellen. Sie neigen zu Patriarchat und Kahlschlagsanierung. Fehlt noch eine Erwähnung der *privilegierten Partnerschaft* mit der Europäischen Union, dann reicht der Stoff für eine unterhaltsame Runde. Im Hintergrund kann die Diashow eigener Fotos von

Minaretten vor nächtlichem Himmel, von Katzen hinter rostigen Fenstergittern und von Sonnenuntergängen am Bosporus laufen. Extrem authentisch: eine englisch untertitelte Folge von *Yaprak dökümü,* der klassischen Herzschmerz-Endlosserie (traditionsbewusster Vater schüttelt den Kopf über die Welt seiner Kinder). Raki-gestützter Höhepunkt des geselligen Abends: Er legt *Sounds of Istanbul* auf, sie führt das neue Bauchtanz-Kostüm vor.

Das meinen Kenner

«Ein begabter Künstler kann es in Europa zu etwas bringen. In der Türkei wird er für verrückt gehalten.»
– ORHAN PAMUK, SCHRIFTSTELLER

«Wanderer, wende dich ab in Trauer.»
– NIGAR BINTI OSMAN, DICHTERIN

«Nee, echt toll hier.»
– CHRISTOPH DAUM, FUSSBALLER

KAPPADOKIEN

Von den Felsenkirchen und phallusförmigen Wohnkegeln Kappadokiens gibt es eindrucksvolle Fotos. Kein Wunder, dass die Reisenden vor Ort stets enttäuscht sind. Für die bröckeligen Reste mussten sie von Ankara oder Antalya den Staub Anatoliens durchqueren, gewöhnlich per Bus. Nach fünfhundert Kilometern auf Rumpelpisten hat dann auch der Letzte kapiert, warum Kappadokiens Wohnhöhlen so früh wie möglich von allen guten Geistern verlassen wurden.

Die staubigsten Denkmäler

Hattusa. Wer sich von Ankara aus nach Kappadokien müht, muss sich unterwegs mit der Betrachtung von Lehmziegelhäusern begnügen. Als Unterbrechung der endlosen Fahrt wird die Besichtigung niedriger Feldsteinmauern angeboten. Sie werden als Ruinen einer Stadt namens Hattusa ausgegeben, die von einem Volk bewohnt wurde, von dem man wenig weiß und noch weniger wissen will: den sogenannten Hethitern. Halbwegs erkennbar ist ein von steinernen Löwen bewachtes Tor. Sein Durchschreiten soll ältere Menschen vor langem Leben schützen.

Göreme. Hier werden die Fotos gemacht. Zu sehen sind sogenannte Feenkamine, versteinerte Penisse, Erdpyramiden und ausgehöhlte Tuffsteinkegel. Einige dienten als Wohnungen und Liebesnester inzestuöser Christengemeinden, andere als Bußkapellen, weitere als Leichenhallen. Täglich fünftausend Touristen suchen nach der schönsten Perspektive und kriechen über Leitern, Staubpfade und Geröllhänge. Orthopädische Praxen vor Ort behandeln Prellungen, Verstauchungen und einfache Brüche. Für kompliziertere Fälle gibt es den Hubschrauberlandeplatz.

Liebestal, Taubental, Rotes Tal. Um die felsigen Einöden für Besucher unterscheidbar zu machen, hat die Tourismusbehörde sich Benennungen einfallen lassen. Als Höhepunkt gilt der kleine

«Grand Canyon» bei Ihlara. Hier gibt es stockdunkle Höhlenkirchen, in denen das Fotografieren verboten ist. Uniformierte Gardisten überwachen die Einhaltung des Gesetzes. Sie zu überlisten gilt als Höhepunkt jeder Kappadokien-Reise (Blitz abschalten!). Draußen im Hellen schießen offizielle Fotografen ungefragt Porträtbilder. Bei der letzten Erhebung antworteten drei Viertel der Besucher mit «Weiß ich nicht» auf die Frage, weshalb sie hergekommen seien.

Konya. Auf halbem Weg zwischen Aksaray und Konya liegt die Karawanserei Sultanhani. Wer sich bislang den überall angedrohten Kamelritten und dem Erwerb gefälschter Markenartikel entziehen konnte, wird hier dazu genötigt. In Konya gibt es das ausschließlich in Schweißsocken zu betretene Mausoleum des Mystikers Mevlana Rumi. Sein Derwisch-Orden hat sich längst zum gemütlichen Feierabendclub gewandelt. Männer, die tagsüber Gewürze oder Handys verkaufen, drehen sich abends im weißen Mantel für Touristen. Dass die Frauen nicht zu sehen sind, auch nicht in den Cafés, wo man Tee trinkt und an Wasserpfeifen nuckelt, hat seinen Grund in einer alten orientalischen Tradition: Sie arbeiten.

So wird man lästige Mitreisende los

≫→ Im Ihlara-Tal. «Die Feenkamine sollen das Beste von der ganzen Reise sein!», beteuern wir gegenüber unserem sabbeligen Mitreisenden. Die Anlagen können nur über Leitern besichtigt werden, deren Sprossen anfangs leicht erklimmbar scheinen, in der Höhe jedoch zuweilen einen halben Meter auseinanderliegen. Die Tuffstein-Stufen dazwischen gelten als brüchig. Der Reiseleiter weist auf die eigene Verantwortung hin. «Ja, dazu gehört Mut!», bewundern wir unseren Schwätzer. Was er nicht weiß: Die Hälfte aller Unfälle von Kappadokien-Reisenden ereignet sich exakt hier. Die andere Hälfte auf dem Höhlenberg von Cavusin. Da muss er auch hoch! Und er braucht nicht mal auf die Weiterreise zu verzichten: Eingegipste Beine können sehr schön auf der Rückbank des Busses hochgelegt werden.

⫸ **Per Ballon.** «Eine Ballonfahrt über diese abwechslungsreiche Landschaft muss ein Traum sein!», behaupten wir und begründen gleich, warum wir auf diese angepriesene Attraktionen verzichten: Die hundertfünfzig Euro haben wir nicht mehr übrig. Wenn unser lästiger Mitreisender sich traut, haben wir ihn die längste Zeit gesehen. In der unwegsamen Landschaft erreichen nur wenige Ballons innerhalb desselben Tages einen geeigneten Landeplatz. Etliche werden erst am folgenden Tag geortet, einige sogar erst Wochen später. Aus dem letzten Jahr gelten noch sieben Ballons als vermisst. Vielleicht kann unser Heißluft-Freund sie ausfindig machen.

⫸ **Auf den Kalksinter-Terrassen von Pamukkale.** Das Neppmekka Pamukkale zählt nicht mehr zu Kappadokien, gehört aber häufig zur Reise. Ein kleines Sitzbad oder ein Waten auf den bewässerten Terrassen ist ein unerlässlicher Gesundheitstipp für unsere nervigste Kulturbegleiterin. Die vielstufigen Terrassen wurden von Thermalquallen geschaffen. «Das Wasser ist enorm heilsam!» Wenn unsere Nervtöterin ihre geschundenen Füße auf den glitschigen Boden setzt, rufen wir zum Foto: «Dreh dich mal schnell um!» Und wenn sie es tut: «Nein, andersherum! Schnell!» Jetzt die Videotaste drücken. Die etappenreiche Fahrt abwärts verkaufen wir der Pannenshow.

KAPPADOKIEN

Typisch Kappadokien

Stromausfälle. Die Atomkraftwerke der Türkei sind alters-schwach und undicht. Das Stromnetz schwachbrüstig. Stromausfälle gibt es in den Hotels meist unmittelbar nach Ankunft einer neuen Reisegruppe. Wenn nur die Hälfte ihre Rasierapparate, Aufladegeräte und Laptops einstöpselt, geht erst mal das Licht aus. Bedauerlich für die Leute, die sich gerade auf der Treppe oder im Fahrstuhl befinden, oder die Köche, die das Abendessen erwärmen wollten.

Verkaufsveranstaltungen. Teppiche, sagt man in Kappadokien, sind geknüpfte Albträume. Deshalb versucht man sie an Touristen loszuschlagen. Sogenannte «Beratungen und Präsentationen mit Einkaufsmöglichkeit» machen jede Kultur- oder Studienreise zur Butterfahrt. In Teppichknüpfereien, Töpferwerkstätten, Juwelenzentren, Ledermanufakturen wird mehr Zeit verbracht als bei den Sehenswürdigkeiten. Die Reiseleiter müssen ihre Provision eintreiben. Vor den Türen von Moscheen, Medresen, Mausoleen werden den Besuchern obendrein Kopftücher, Schnitzereien und Strümpfe aufgenötigt.

Karosserien im Taurus-Gebirge. Wer von Antalya aus nach Kappadokien fährt oder von Kappadokien zur türkischen Riviera reist, muss durch das Taurus-Gebirge. Die Schluchten werden gern als «wildromantisch» ausgegeben. Verdächtigerweise wird furchtsamen Reisenden zur Schlafbrille geraten. Nicht nur wegen der Serpentinen. Mehr noch wegen der Karosserien von zerschellten Urlauberbussen in den Abgründen. Sie werden nur an jedem ersten Dienstag im Monat geborgen.

Kappadokischer Abend. Wer in der Schule behauptet hat, er interessiere sich für die «Sitten und Gebräuche» fremder Völker, wird mit mindestens einem Heimatabend bestraft. Rund um

Göreme gibt es Höhlenabende mit Raki und Erdnüssen, dazu Gestampfe in Kostümen, missgestimmtes Fiedeln und schwabbeliges Bauchschwingen. Die klobigsten Zuschauer werden dazu auf die Bühne gezogen, damit bei den anderen wenigstens Schadenfreude aufkommt. Einige dieser Abende sind erfreulich kurz. Siehe Stromausfälle.

Unverdauliche Landesspezialitäten

Als Vorspeise lockt die Joghurtsuppe mit Kichererbsen und durchgedrehtem Lämmerhirn. Letzteres, behaupten die Einheimischen, verbessere die Intelligenz. Dann wird gern Weißkohlauflauf mit Zwiebeln und Gehacktem gereicht. Dieser Leckerbissen war früher den Stammesältesten vorbehalten; sobald sie verdauten, verließen die anderen freiwillig die Wohnhöhle. Jetzt beliebte Waffe von Rucksacktouristen in überbelegten Herbergszimmern. Nachspeisen werden meist «nach Art des Hauses» zubereitet. Egal, welches Haus – sie schmecken alle gleich, denn sie bestehen ausschließlich aus Mehl und Sirup. Kenner kleben damit die ungummierten Briefmarken auf Ansichtskarten.

Das reicht für das Expertengespräch

Der britische Historiker Christopher de Bellaigue, der ein Buch über die Gegend geschrieben hat, stellte fest, dass in Treffen von Gelehrten bereits wenige Schlagworte genügten: «Sowohl die hellenistische Zeit als auch die byzantinische haben großartige

Spuren hinterlassen», oder: «Was die Erosion aus dem Tuffstein für Formen geschliffen hat, das muss man einfach gesehen haben.» Reisende können noch mit einem Hinweis auf die Hethiter punkten, deren Keilschrift ja leider ziemlich unlesbar ist. Von aktuellem Problembewusstsein zeugt der Hinweis auf die Gefährdung der Fresken in den Höhlenkirchen durch Umwelteinflüsse.

Das meinen Kenner

«In diesen Gegenden bleibt nichts, als Zuflucht bei Gott zu suchen.»
– MEVLANA CELALEDDINI RUMI, MYSTIKER

«Ohne Kappadokien könnte die Türkei schon sehr weit sein.»
– MUSTAFA KEMAL ATATÜRK, STAATSGRÜNDER

«Wer wissen möchte, wozu nach dem Tod die verdammten Seelen verurteilt sind, der muss hierherreisen.»
– CHARLES TEXIER, ARCHÄOLOGE

AFRIKA

ÄGYPTEN

Wer sich an Gräbern nicht sattsehen kann, ist in Ägypten richtig. Wer sich für Inzest interessiert, ebenfalls. Hier heirateten Geschwister untereinander, Herrscher schwängerten ihre Töchter, und Königinnen holten ihre Söhne ins Bett, um die Ahnenreihe sicherzustellen. Diese *Kultur der Pharaonen* hat ein paar geschrumpfte Leichen hinterlassen sowie einige Tempel, Keller und übertriebene Grabhügel. Erbaut wurden diese Denkmale von Millionen zum Frondienst gepeitschten Sklaven und Zwangsarbeitern. Grund genug für die Unesco, die Stätten zum Weltkulturerbe zu erklären. Vierzehn Millionen Touristen stolpern jedes Jahr durchs Geröll und fahren mit gefälschten Andenken und Lungen voller Staub wieder ab. Das angebliche Rätsel von Grabkammern und Pyramiden haben sie nicht gelöst. Aber immerhin haben sie das Interesse daran verloren. Den Daheimgebliebenen können sie fortan erzählen, wie lästig die Händler sind, wo *Tod auf dem Nil* gedreht wurde und warum *Die Mumie* nicht so bald wiederkommt. Und dass es überall schrecklich voll war. Seit Thomas Cook vor hundertfünfzig Jahren die Pauschalreise für Briten und Amerikaner erfand, hier in Ägypten, ist der Fremdenverkehr zur unverzichtbaren Einnahmequelle des Landes geworden. Der Nobelpreisträger Nahgib Machfus hielt die Tourismusindustrie für die moderne Plage Ägyptens. Die eigentlichen Plagen sind hingegen die Besichtigungen, denen unschuldige Reisende hier unterworfen werden.

Die zehn ägyptischen Plagen

1. Die Pyramiden. Die Pyramiden befinden sich gleich außerhalb von Kairo, auf einem Plateau namens Gizeh. Laut Umfrage der Tourismusbehörde besteht die erste Reaktion bei ihrem Anblick nicht in Enthusiasmus oder nur Staunen, sondern in Äußerungen wie: «Aha, da sind sie also.» Es sind eben nur sandfarbene Kunstberge, die keineswegs an Prachtentfaltung erinnern, sondern an Abraumhalden. Dass im Inneren Sarkophage standen, deren Inhalt auf erneuerte Weltherrschaft wartete, macht den monumentalen Flop nur noch deutlicher. Die zweite Reaktion ist übrigens nicht Enttäuschung, sondern ein Fluchtreflex. Das liegt an der Fülle schwitzender Einheimischer, die Kamelritte, Postkarten, heilsamen Skarabäenkot und Pharaonenpüppchen aus Plastik verkaufen wollen.

2. Das Sphinx. Die Pyramiden – Cheops, Chephren, Mykerinos plus drei kleinere für Damen – sind schnell umrundet, die paar Reliefs besichtigt, die Gruppenfotos gemacht, die insektenhaften Händler abgewimmelt, vielleicht noch ein stickiger Gang durchkrochen, fertig. Da trifft es sich gut, dass nebenan jener Löwenkörper mit verrutschten Gesichtszügen wartet, der lange «die» Sphinx hieß, dann dreißig Jahre lang «der» Sphinx. Nun soll der pfuschartig behauene Bröckelfelsen in «das» Sphinx umgetauft werden; weil es sich um ein sexuelles Neutrum handele oder vielmehr um ein doppelgeschlechtliches Zwitterwesen. Doch der Gag rettet auch nichts mehr. Der die das Sphinx ist live wesentlich unscheinbarer und jämmerlicher als auf den Fotos. Alle hoffen auf die demnächst geplante pausbäckige Replik.

3. Die Pyramiden von Sakkara. Es ist üblich, eine Nilkreuzfahrt zu buchen, aber man kommt auch mit dem Bus hin: Jenseits einiger Lehmhütten und braunstichiger Felder steht eine Stufen-

ÄGYPTEN

pyramide, von deren Treppenaufgang vor dreitausend Jahren ein Pharao zur Himmelfahrt abheben wollte. Hat nicht geklappt. Bei den benachbarten kleineren Pyramiden misslang sogar die Statik. Mal gab es einen Knick in der Optik, mal geriet das Ganze zu einer Art verfallenem Ameisenhaufen. In einige dieser Ruinen kann man hineinkrabbeln. Faustregel: Wer nicht wieder rauskommt, wird unter einem Pharao wiedergeboren, üblicherweise in der mittleren Beamtenlaufbahn. Tröstlich für die Hinterbliebenen ist ein Gartenrestaurant am Rand des versandeten Gräberfeldes.

4. Tempelstau in Karnak. Karnak ist ein Dorf bei Luxor. Luxor hieß noch Theben, als die Pharaonen sich hier immer neue Standbilder und Tempel zusammenbauen ließen. In Karnak gibt es die größte Ansammlung mittelmäßig behauener Steine. Also jede Menge Obelisken, Reliefs, dicke Säulen und flachbäuchige Statuen, die man alle herrlich filmen oder fotografieren könnte, wenn nicht rund hunderttausend Leute pro Tag dasselbe tun wollten. Warum nur, warum? Für Werbefotografen und *Hercule-Poirot*-Verfilmungen wird die Anlage immer gesperrt. Für den Rest der Besucher ist sie ungenießbar. Es bleibt: «Aber wir waren wenigstens da.»

5. Luxor-Tempel. Dieses Gelände wird gewöhnlich abends besichtigt, weil es mitten in der Stadt liegt und bei Tag zu trübsinnig wirkt. Die Beleuchtung widmet sich vor allem den Kapitellen der Säulen und den Gewölben und lässt die unten sich drängenden Massen in Dämmerung versinken. Sphinxen (Kenner sagen Sphingen) mit verwaschenen Widderköpfen liegen Spalier an einer Allee, die mal nach Karnak führte, jetzt aber an baufälligen Mietskasernen endet. Es gibt noch eine sitzende Statue von irgendeinem Ramses sowie eine stehende Statue und einen Obelisken, bei dem die meisten Besucher sagen: Nun reicht es langsam. Aber es geht immer weiter.

ÄGYPTEN

6. Tal der Könige. Hört sich prächtig an, ist aber nur ein staubiges Wüstental gegenüber von Luxor auf der anderen Nilseite. Absperrgitter wie in Disneyland lotsen die Warteschlangen an gnadenlosen Folterknechten vorbei: schwitzenden Souvenirhändlern, die jeden Besucher komplett mit «Ramsches» ausrüsten möchten, wie sie es nennen. Der halbe Kilometer bis zum eigentlichen Eingang wird so zur gefühlten letzten qualvollen Todesmeile. Das Tal selbst besteht aus Sand und Fels und Schachteingängen. Von angeblich über sechzig sollen sich zehn Grabkammern lohnen. Von denen sind immer drei geöffnet – wechselweise und verlässlich so, dass man denkt, die anderen wären toll gewesen. Sind aber alle nur heiß und stickig. Fotografieren ist wegen ein paar schwächelnder Wandgemälde verboten.

7. Hatschepsut-Tempel. Um die Ecke von den Herren Königen: die Königinnen. Vor allem eine Regentin hat sich hier monumentale Tempelterrassen nebst Statuen an einen Berghang pflanzen lassen: die gestrenge Hatschepsut. Ihr Ehemann starb unter ungeklärten Umständen, sodass sie selbst Pharaonin wurde. Sie regierte über zwanzig Jahre lang, bevor sie mit einem gewaltigen Niesen verstarb («Hatschepsut»), dem angeblich der Nil seinen Ursprung verdankt. Man kann Stufen hinaufsteigen und zwischen Pfeilern hin und her gehen und die ewigen Reliefs mit den immer gleichen Gestalten betrachten, die laut Reiseleiter immer etwas anderes bedeuten.

8. Horus-Tempel in Edfu. Nach Assuan gelangt man gewöhnlich per Nilschiff. Auf dem Weg treibt man an ein paar Tempeln vorbei (*Kom Ombo* für einen verdorrten Krokodilgott, *Philae* für Inzestgöttin Isis). Der Blick von der Reling reicht vollkommen; nur wer sich eine extra ausgiebige Reise hat aufhalsen lassen, muss hier noch aussteigen. Nicht erspart bleibt einem auf halbem Weg ein Tempel, der dem Falkengott Horus geweiht ist und der unglücklicher-

ÄGYPTEN

weise als gut erhalten gilt. Schon wieder Säulen, Höfe, Vorräume, Nebenkapellen, Gänge, ein muffig riechendes, längst entweihtes Allerheiligstes und viele Reliefs, die von den Reiseleitern schamlos zur Erläuterung der ägyptischen Geschichte genutzt werden. Das Beste: die Fahrt zurück zum Schiff.

9. Assuan. Ägyptens südlichste Stadt ist zugleich Hauptstadt der Provinz Nubien, die geographisch weit in den Sudan reicht. Die ockerfarbene Stadt bietet eine touristische Fußgängerzone, ein grämliches arabisches Viertel, Bootsfahrten zu den Nilkatarakten und eine Insel namens Elephantine, auf der ein gewienertes Museumsdorf als echt nubisch ausgegeben wird. Unvermeidlich ist der Abstecher zum Staudamm, dessen erste Version hundert Jahre und dessen neuere Fassung fünfzig Jahre alt und brüchig ist. Üblich ist die emsige Debatte: Ist der Damm umweltverträglich? Hat er nicht den wertvollen Nilschlamm zurückgehalten? Den Fischbestand im östlichen Mittelmeer reduziert? Reicht als Thema für Busfahrt und Abendessen.

10. Abu Simbel. Man kann nach Abu Simbel am Südufer des Stausees fliegen. Das Übliche ist eine Bustour im Konvoi, zu der man in Assuan gegen fünf Uhr aufbricht, um gegen halb acht dort zu sein. Der Haupttempel ist nach den Pyramiden das meistfotografierte Bauwerk Nordafrikas: Vier zwanzig Meter hohe Sitzstatuen, zwei davon mit Ziegenbart, eine ohne Kopf und Oberkörper, die allesamt Ramses Zwo darstellen, den König, der vor dreitausend Jahren mit seiner Mutter und mit seiner Tochter verheiratet war, nebenbei wohl auch noch mit anderen Frauen. Wegen seiner siegreichen Kriegszüge ging er als Friedensfürst in die Geschichte ein. Der Tempel wäre vom Stausee überspült worden, hätte man ihn nicht zerlegt und an höherer Stelle wieder aufgebaut, was heute allgemein bedauert wird. Denn die Rückfahrt ist noch ermüdender als die Hinfahrt.

ÄGYPTEN

So wird man lästige Mitreisende los

⫸ Beim Kamelritt. Die letzte Entführung von Touristen in Ägypten liegt schon ein paar Jahre zurück. Mehr Verlass ist auf einen Kamelritt, wie er vor allem rund um die Pyramiden angeboten wird. Zwar fallen nur elf Prozent der Touristen vom Höcker. Und davon wiederum verstaucht sich nur die Hälfte die Gliedmaßen so nachhaltig, dass die Reise lediglich mit Verband auf der Rückbank des Busses fortgesetzt werden kann. Doch wir können angeberische Mitreisende zu einem waghalsigen Ritt ermutigen, zumal sie dann wenigstens eine Weile beschäftigt sind. Wir selbst beherrschen das wichtigste Wort Ägyptens: *La Schokran* – Nein, danke. Wer es mantramäßig vor sich hin murmelt, gewinnt Ruhe und Kraft.

⫸ In Kairo. Alle Reisen schließen Übernachtungen in Kairo ein. Im chaotischen Verkehr bleiben Reisegruppen zunächst unbehaglich nah zusammen. In der Altstadt lockert sich die Stimmung. Hier gibt es eine abgetakelte Zitadelle und eine muffige Alabastermoschee. Vor allem aber einen wuseligen Basar und ein Ägyptisches Museum. Beide sind glänzend geeignet, um geschwätzigen Mitreisenden zu sagen: In zwei Stunden treffen wir uns wieder am Eingang, sonst im Hotel! Auf Letzteres läuft es hinaus. Der Khan-el-Khalili-Basar mit der betäubenden Fülle von Parfüms, Tüchern, Teppichen aus echter Kinderarbeit, frischgedruckten uralten Papyri und eben fertig geschnitzten Antiquitäten weckt bei den meisten Besuchern einen in die Gene geprägten Wunsch: den Wunsch, zu überleben. Nur ist es schwerer, hinaus- als hineinzukommen. Das gilt genauso fürs Museum: Konkurrierende Reisegruppen mit krakeelenden Führern drängeln um Mumien, Stelen, Totenmasken. Unser lästiger Mitreisender wird sich hoffentlich ausgiebig informieren, während wir im Café eine extrem verdächtige Wasserpfeife rauchen.

ÄGYPTEN

Typisch Ägypten

Bakschisch. Im alljährlichen Ranking von Transparency International hält Ägypten seit Jahren einen der Spitzenplätze unter den korruptesten Ländern der Welt. Die berühmten Bakschisch-Forderungen von Wärtern, Grabeshütern, Parkwächtern und selbsternannten Aufsichtspersonen sind also nichts Ungewöhnliches. Sie sind authentische ägyptische Kultur. Bakschisch bedeutet so viel wie Geschenk, und nichts anderes wird von einem Gast erwartet, und zwar minütlich, sobald er den Fuß auf ägyptischen Boden gesetzt hat. Es gibt keine Gepäckausgabe ohne Bakschisch, keinen Klobesuch, keinen Blick auf die Pyramide oder in eine Grabkammer. Wer sich an einen Fels lehnen möchte, muss Bakschisch bereithalten für den Hüter des Felsens. Das Positive: Für dergleichen freiwillige Spenden bekommt man nahezu alles: Einlass in gesperrte Museumsräume, Zugang zu Grabkammern sowie kleine schwärzliche Zähne und Haare von jahrtausendealten Mumien.

Nilfahrt. Bei Agatha Christie ereignete sich eine Menge an Bord des Nildampfers, während die Landschaft im Hintergrund vorbeizog. Für Reisende, die keinen Mord aufzuklären haben, ist die Fahrt pure Langeweile. Die Uferlandschaft ist von ermüdender Eintönigkeit. Felder, Palmen, Sand und Schlick. Frauen waschen, Kinder planschen, Männer schlafen. Als besonderer Kick bleiben das Käptn's Dinner und die Ausfahrt mit einem Segelboot, dessen entscheidende Originalität darin besteht, dass es Felukke genannt wird. Es gibt auch Fähren und Motorboote und ein paar grasbewachsene Inseln. Der Nil sei nicht nur lang, bemerkte der britische Kommandant Edmund Allenby, sondern vor allem langweilig. Was er übersah: Der ägyptische Flusslauf unterhalb von Assuan bietet eine abwechslungsreiche Fauna: Fische, Flöhe und Wasserratten.

ÄGYPTEN

Unverdauliche Landesspezialitäten

Ägypten gehört zu den zahlreichen Ländern der Welt, die dicke Bohnen als Nationalgericht schätzen. Und wenn gerade keine Bohnen da sind, dann Linsen oder Kichererbsen. Reisende, die schon anderthalb Grillspieße mit Hammelleber, Schafsbrüsten und Bauchfett samt gewickelten Zwiebelschalen überstanden haben, ziehen sich oft auf Fladenbrot und Reis zurück. Vom dritten Tag an gewöhnlich auf ärztlichen Rat. Dabei sind es weniger die verdorbenen Fleischbestandteile als vielmehr die verpilzten Pasten, deren undefinierbare Grundsubstanz immer wieder stoisch umgerührt und verlängert wird. Garküchen in Kairo und Alexandria sind sogar stolz darauf, dass ihre Pasten noch Kreuzkümmel und Knoblauch aus osmanischer Zeit enthalten, also mindestens hundert Jahre alt sind. Die Lebenserwartung in Ägypten ist vielleicht nicht zufällig fünfzehn bis zwanzig Jahre geringer als in Deutschland, allerdings nur zehn Jahre geringer als bei Deutschen, die eine Woche in Ägypten verbracht haben. Trost bieten übrigens die zahlreichen Kronenzieher aus Sirup, Zucker, Honig, Kleister und Nüssen sowie eine äußerst laxe Auslegung des islamischen Alkoholverbotes.

Das reicht für das Expertengespräch

Die wichtigsten Kunstschätze Ägyptens sind zunächst von den Franzosen unter Napoleon abtransportiert worden. Der damals sichtbare Rest wurde unter englischer Herrschaft ins British Museum verlegt. In Berlin gibt es eine Büste der Nerfertiti alias Nofretete. Handelt es sich bei all diesen Altertümern um Raubkunst? Sollten diese Werke womöglich zurückgegeben werden? Diese Frage ist ein schöner Einstieg in einen Abend über den Umgang mit Kolonialwaren. Eher Quizcharakter haben dagegen die Mutmaßungen über die Welt der Götter und Dynastien. Wer Amenophis, Thutmoses, Echnaton und Tutanchamun zwei Wochen nach der Reise noch nach zeitlichem Auftreten zu ordnen vermag oder wer Altes, Mittleres und Neues Reich den Jahrtausenden zuordnen kann, hat gewonnen. Die verdiente Strafe: ein Buch über die Entzifferung der Hieroglyphen. Oder ein Lexikon der Mythologie, damit nicht nur Isis und Osiris im Gedächtnis bleiben. «Das lies mal durch, denn wenn einer einen Sinn dafür hat, dann du.» Die anderen prosten sich unterdessen völlig unmythologisch zu.

Das meinen Kenner

«Ich reise nicht in Länder, in denen das letzte intelligente Leben vor dreitausend Jahren ausgestorben ist.»
– ISAAC BABEL, SCHRIFTSTELLER

«Man weiß inzwischen, dass die Sphinx angesichts des letzten großen Rätsels der Menschheit verstummte: Warum gibt es so viele tolle unverheiratete Frauen und so wenig tolle unverheiratete Männer?»
– SARAH JESSICA PARKER, SCHAUSPIELERIN

«Packen Sie mir diesen Obelisken ein, und schicken Sie ihn nach Hause.»
– NAPOLEON, FELDHERR

ÄGYPTEN

MAROKKO

FÈS, MARRAKESCH, CASABLANCA

Ja, natürlich, es gibt einen Grund, nach Marokko zu reisen, am besten mit Gleichgesinnten, und dafür auch noch tief in die Tasche zu greifen. Einen einzigen Grund: dort bei Nacht ein Boot zu besteigen und über die Straße von Gibraltar nach Spanien zu setzen, um den gruseligsten aller Kontinente für immer hinter sich zu lassen. Das tun viele.

Dass auch der umgekehrte Fall vorkommt – dass also Leute von europäischen Schleppern verführt werden und nach Marokko fahren –, das scheint Afrikanern, und speziell den Marokkanern, schier unbegreiflich. Aber es geschieht. Europäische Schlepper, Reiseveranstalter genannt, geben Marokko als «Land der Königs-städte» aus. Mit diesem goldfarbenen Wort bezeichnen sie eine Reihe von Slums, die unter den Namen Fès, Marrakesch, Meknès und Rabat im Lexikon zu finden sind.

Da steht dann auch, dass irgendwann mal vor vielen hundert Jahren ein paar meuchelnde Könige in diesen Städten wilder-ten – aus fragwürdigen Dynastien namens Idrisiden, Almoraviden, Almohaden, Meriniden, Saadiern und Alawiden. Ihre Herrschafts-berechtigung leitete sich vor allem aus der Kunst des Mordens her. Sie haben befestigte Häuser mit Zinnen hinterlassen, die jetzt als Paläste ausgegeben werden, und aus Schuldgefühl ein paar Moscheen von Sklaven erbauen lassen.

Rabat ist die Hauptstadt. Außer wuseligem Verkehr und Plattenbauten sind ein paar historischen Ruinen zu durchstolpern. Anschließend gibt es Pfefferminztee. Schluss. Nebenan in Meknès erhebt sich immerhin ein Getreidespeicher. An der Stadtmauer erleichtern sich tierquälerisch bepackte Esel. Wer in die Gassen der Handwerker und kleinen Läden späht, in die sogenannten Souks, wird sofort hineingezogen und Stunden später gegen Lösegeld wieder zum Ausgang geführt. Eine schnellere Freilassung ist nur zu erreichen durch den Kauf von Kupfertöpfen oder Teppichen.

Das gilt noch viel mehr in Fès. Reiseleiter zeigen hier gern ein oder zwei Mausoleen von islamischen Gelehrten, auch die *Medresen* genannten Koranschulen, und entlassen ihre Gruppe dann zum Schnuppern ins Labyrinth der Gerber, Färber, Kupferschmiede. Hier geht es laut und entschieden unlustig zu. Kinder ziehen die Besucher an der Hand, sagen ihren in der Schule erlernten Spruch auf – «Deutschland gut, Fußball, Mercedes, Hitler gut!» – und bringen den so Gelobten in den nächsten Laden für Lederwaren und Berberteppiche. Dort gibt es Tee und kein Entkommen. Ein Nein wird grundsätzlich nicht akzeptiert. Wer aus dem Laden will, wird mindestens am Arm gepackt, hinter ihm läuft der Händler her, vor ihm taucht schon dessen Schwager auf.

Doch nirgends sind die Verschlepper und Verkäufer aufdringlicher als in Marrakesch. Von der ehemaligen Hippiemetropole ist der Handel mit Drogen und mit Sex geblieben. Reiseveranstalter preisen das klotzige Stadttor Bab Agnaou und den disneyhaften El-Bahia-Palast, ein Imitat aus dem späten neunzehnten Jahrhundert, schließlich noch die Koutoubia-Moschee, die einen unbestreitbaren Vorteil hat: Sie wirft Schatten in einen dahinterliegenden Park. Der ist die letzte Erfrischung, bevor es zur angeblichen Hauptattraktion geht, zum Marktplatz Djemma el-Fna, dem Treffpunkt der Händler, Diebe, Affenbändiger, Schlangenbeschwörer und Hammelhoden-Grillstationen. Der Platz wird gewöhnlich im Sonnenuntergang fotografiert, was zugleich die beste Zeit ist, um ihn zu verlassen.

Die anschließenden Basargassen, hier *Kasbah* genannt, rauben Gutwilligen den letzten Nerv. Sie sind ausschließlich geeignet für Leute, denen die humorlose Aggressivität der Händler Spaß macht, weil sie hier mal mit gleicher Münze zurückzahlen dürfen. Militante Fußballfans im Rudel sind das am besten geeignete Publikum. Völlig ungeeignet: allein reisende Frauen. Sie werden in Nordafrika grundsätzlich als Prostituierte betrachtet; allein reisende junge Männer, wenn sie gut aussehen, ebenfalls.

Marrakesch ist in den letzten Jahren zur Sexmetropole geworden und damit zur stärksten Konkurrenz von Agadir und Casablanca. Offiziell ist auch in diesem Land Sex mit Minderjährigen verboten und erst recht der Handel mit Kindersex. Doch die Gesetzgebung in Afrika dient nicht sosehr dem Recht als vielmehr der Festsetzung des Preises. Wer genug bezahlt, löscht Paragraphen. Je jünger die Kinder, desto teurer. Die Altstadt von Marrakesch ist fest in der Hand einschlägig interessierter Spanier, Franzosen, Engländer und Amerikaner. Von der Unesco wurde sie deshalb zum Weltkulturerbe erklärt.

Bleibt noch Casablanca, das entgegen dem Mythos weder Sehenswürdigkeiten noch nur eine einzige halbwegs romantische Kneipe hat, in der Rick seiner Ilsa in die Augen schauen könnte. Casablanca ist einfach nur die Industriezone des Landes. Weil hier jahrelang geschlechtsangleichende Operationen durchgeführt wurden, als sie in Europa noch ungern gesehen wurden, verfügte

Casablanca lange Zeit über eine auffällige Transsexuellen-Szene, die neuerdings nach Tanger abwandert.

Reisende, denen das alles zu viel wird, ziehen sich gern in die Berge zurück, in den Mittleren oder Hohen Atlas, und stürzen sich in die Todraschlucht. Oder sie verabschieden sich für einen kleinen Spaziergang in die Wüste, und zwar für immer. Am besten geht das von Erfoud aus in Richtung Erg Chebbi. Hier gibt es aber auch eine Oase, die als Treffpunkt jener Schlepper dient, die Zahlungswillige bei Nacht zu den verschwiegenen Startplätzen der Boote bringen. Boote, mit denen man, umgeben von lauter Afrikanern, die ebenfalls die Nase voll haben, direkt nach Europa gelangt.

KANARISCHE INSELN

Die Inseln vor der afrikanischen Westküste sind das Paradies der Generation Siebzig-Plus. Hier überwintert man, um nicht in Deutschland Schnupfen zu bekommen oder auf ungestreuten Gehwegen auszurutschen. Alle, die auf die Kanaren fahren, betonen, dass sie die Zentren des Massentourismus vermeiden und stattdessen lieber die unberührten Landschaften im Landesinneren aufsuchen. So kommt es, dass auch die ehemals unberührten Landschaften längst Ziele des Massentourismus geworden sind. Um die Wege zu verkürzen, sind glücklicherweise in den letzten Jahren Hotels vorwiegend in die Naturschutzgebiete gebaut worden.

Auf **Teneriffa** trifft das zum Beispiel auf das Gebiet des Inselberges Pico del Teide zu. Hier hat sich manches getan. Während früher Wanderer und Trekker über unzureichende Wegmarkierung klagten, geben die Behörden jetzt einen ebenso einfachen wie überzeugenden Hinweis: Da, wo der Müll am Rand liegt, das ist der richtige Weg. In umgekehrter Richtung gilt dieselbe Regel. Die müllgesäumten Wege abwärts führen zum Meer. Leider sind die stacheligen Seeigel in den letzten Jahren zu einer Plage rund um die Inseln geworden. Zunächst hoffte man, die Einleitung giftiger Abwässer und die Beimischungen aus mangelhaften Kläranlagen könnten die empfindliche Unterwasserwelt allmählich zerstören.

Das ist auch tatsächlich geschehen, nur gehören die Seeigel offenbar nicht zu den empfindlichen Wesen. Rund um Teneriffa mussten sie jetzt von Tauchern gezielt abgetötet werden. Die Gebiete um Los Cristianos, Garachico und Los Gigantes gelten zur Zeit als gesäubert.

Auf **Gran Canaria** sind es possierliche Kleintiere, die den eintönigen Winter abwechslungsreich gestalten. In den großen Hotels hausen sie in den Ritzen der Täfelungen, unter den Badewannen und in den Dämmstoffen der Rohre. Sie lieben die Kekskrümel der Hausgäste, begnügen sich aber auch mit kalorienarmen Snacks und sind strenggenommen kein Ungeziefer. Sie heißen *Cucarrachas*, was charmanter klingt als *Kakerlake*, und sie können viel schneller laufen als die roten Ameisen, mit denen sie sich in den Appartements um die besten Brocken balgen. Als auf Gran Canaria die Pipeline eines großen Kraftstoffherstellers brach, wimmelten zur Überraschung der Bauarbeiter beide Tiersorten aus dem Rohr und wurden mit dem Öl an den Strand von Las Gaviotas geschwemmt. Solange die Tierwelt dermaßen intakt ist, bleibt es unverständlich, dass Greenpeace den Kanaren den Oscar der Umweltverschmutzung verliehen hat.

Auf **Fuerteventura** ist erst kürzlich einem häufig geäußerten Wunsch betagter Gäste entsprochen worden: Neue Hotels wurden genau dort errichtet, wohin sie gehören, nämlich direkt in die Dünen von Corralejo. Die Hotelkette und das Umweltministerium sind sich hier einig geworden, zum Wohle der Senioren, die auch einen künstlich bewässerten Golfplatz vorfinden. Es ist einer von zweiundzwanzig Golfplätzen auf den Kanaren, und vielleicht der schönste. Bespielt werden übrigens die wenigsten. An schönen Tagen lockt eine Quadtour ins Naturschutzgebiet. Leider ist es nach wie vor windig auf Fuerteventura, und wenn es mal nicht windig ist, kommen gleich die Mücken.

KANARISCHE INSELN

Auch auf der ehemals trübsinnigen Vulkaninsel **Lanzarote** sind viele neue Hotels entstanden. Allein die Zementmasse der Neubauten, berechnete der Oberste Gerichtshof, habe einen Wert von anderthalb Milliarden Euro. Weil zwanzig Hotels, und leider die renommiertesten, ohne Genehmigung erbaut wurden, sind sie gerichtlich für ungültig erklärt worden. Zum Glück bleibt so etwas auf den Kanaren ohne Folgen. Zwar übernachtet jetzt mehr als ein Viertel der Lanzarote-Besucher in illegalen Betten, aber das gibt dem Urlaub den gewissen Kick, der sonst auf diesen total erschlossenen Inseln so selten ist.

Bleibt noch **Gomera**, wo die Esoteriker hausen und spirituelle Energie direkt aus dem steinigen schwarzen Lavastrand saugen, und zwar durch die Fußsohlen. Hier befindet sich auch der einzige Nacktbadestrand der Inseln – Playa del Ingles im Valle Gran Rey, der immer wieder Scharen von Naturbeobachtern mit ihren Ferngläsern anlockt. Einige Badende waten splitternackt ins Wasser und steigen zur eigenen Überraschung bekleidet wieder heraus, geschmückt meist mit Supermarkttüten und Plastikmanschetten von Bierdosen. Es ist fast ein wenig wie Fasching und hat wohl seinen Grund darin, dass die Inselbewohner sich ihre Ursprünglichkeit erhalten, indem sie ihren Müll wie schon ihre Ahnen direkt ins Meer entsorgen.

Ach ja, und da ist ja noch **El Hierro**, die kleinste. Da die anderen Inseln gründlich abgegrast und verwertet sind, hat die Unesco dieses Eiland mit seinen badeunfreundlichen Felsküsten eilig zum Biosphärenreservat erklärt. Das hat umgehend dazu geführt, dass der kleine Flugplatz jetzt für große Maschinen ausgebaut wird. Als Bauland für Hotels und Yachthäfen wird die Insel aber wohl erst im kommenden Jahr freigegeben werden.

KANARISCHE INSELN

KENIA

Ein Gerücht besagt, dass vorwiegend alte Damen nach Kenia reisen. Sie schlurfen mit Rollator aus dem Flugzeug. Das ist die Wahrheit. Und es gibt gute Gründe dafür. Alte Menschen sind in Kenia höher angesehen als junge Leute. Das ist für deutsche Seniorinnen eine berauschende Erfahrung. Sie vermag zu versöhnen mit einem harten, entsagungsvollen Leben. Obendrein wird alten Damen, sofern sie eine kleine Rente mitbringen, in Kenia das Recht auf einen Liebhaber zugestanden, auf einen hübschen jungen Liebhaber, der sich bei Bedarf auch am Schieben des Rollators beteiligt. Die alte Dame nimmt in diesem Fall auf dem kleinen Bänkchen des Gehwagens Platz, vom zweiten Tag an sogar in verführerischer Pose.

Während im benachbarten Somalia schwerbewaffnete Piraten in See stechen, während in den westlichen angrenzenden Staaten die Präsidenten ihren Parteifreunden die Füße abhacken und ihre Gegner an Krokodile verfüttern und während in Tansania Hexenmeister die landeseigenen Albinos zu magischen Tränken zerkleinern, herrscht in Kenia ein freundliches Einvernehmen.

Lediglich die unter Schutz stehende Anopheles-Mücke kann die Harmonie stören. Allerdings ist sie nicht an der Küste tätig, sondern lieber im Landesinneren, dort, wo die Fotosafaris stattfinden, in den Reservaten *Taita Hills*, *Lake Nakuru* und *Massai Mara*.

Dorthin reist man am besten ohne Gehwagen und ohne Liebhaber, denn die Flugzeuge sind klein, die Jeeps ungefedert und die Lodges schwer erreichbar. Um Flamingos, Antilopen oder gar Giraffen zu sehen, müssen Reisende Zimmer und Betten in Kauf nehmen, die zuletzt in der Kolonialzeit gereinigt wurden. Sie müssen sich mit Affen einigen, die durch die unschließbaren Fenster springen, um im Schutz des Zimmers ihre Notdurft zu verrichten. Und sie müssen mit Duschen zurechtkommen, aus denen alle dreißig Sekunden ein Tröpfchen fällt, sodass eher eine Wäsche mit dem mitgeschleppten Mineralwasser angeraten ist.

Wer sehr viel Glück hat, bekommt einen Elefanten zu sehen, nicht so nah wie zu Hause im Zoo, aber doch in überzeugender Wildheit, sofern der Elefant Segelohren wie Dumbo hat. Elefanten mit kurzen Ohren stammen aus Indien, von wo sie neuerdings wegen ihrer größeren Robustheit importiert werden. Gegen Abend trauen sich dann endlich auch die Mücken aus der Deckung und schwärmen zur Tränke, also zur dünnen Haut hellhäutiger Menschen. Dass die Malaria-Erreger mutieren, macht die Prophylaxe und die Nachsorge spannender. Eine Behandlung in deutschen Tropeninstituten ist möglich und oft erfolgreich. Von den rund tausend Reisenden, die pro Jahr mit Malaria infiziert aus Kenia zurückkehren, sterben lediglich zehn innerhalb der ersten drei Monate – oft übrigens mit einem dankbaren Lächeln auf den Lippen, weil sie zum Schluss doch noch einen rosa Elefanten gesehen haben. Bei den anderen kann das Leben verlängert werden, wenn auch selten auf genussreiche Weise.

Übrigens: Fast so schön wie die kenianischen Nationalparks, aber auf jeden Fall dichter besiedelt mit Antilopen, Giraffen, Bisons, Nashörnern, Zebras, Kamelen, Löwen, Affen, Leoparden und gänzlich malariafrei, sind die Safariparks in Stukenbrock am Teutoburger Wald und in Hodenhagen am Westrand der Lüneburger Heide. Auch alte Damen mit Gehwagen sind dort stets willkommen. Es gibt sogar echte Massai, allerdings nur unter den Gästen. Von den anderthalb Millionen Besuchern pro Jahr in deutschen Safariparks sind mehr als siebentausend Afrikaner, die sich ihre Tierwelt mal in aller Ruhe und völlig stressfrei ansehen wollen.

SÜDAFRIKA

Südafrika hat immer noch schöne Landschaften, die unberührt davon bleiben, dass die Kriminalität seit dem Abdanken Nelson Mandelas sich jedes Jahr magisch verdoppelt. Und das übrigens nicht nur in der Regierung selbst. Dass man sich abends nicht mehr in die Städte begibt, auch nicht an die Ränder, wird jedem Reisenden rechtzeitig eingeschärft. Wer ein Auto fährt, lässt bitte in den besiedelten Gebieten die Fenster geschlossen und rückt im sehr wahrscheinlichen Fall eines Raubes alles Eigentum sofort freiwillig heraus. Diejenigen, die es nicht taten, konnten anschließend keine Angaben mehr machen.

Touristen sind also überall willkommen. Auch Paare. Denn selbstverständlich gilt für die aus Europa anreisenden Frauen, sofern sie mit Partner kommen, nicht das ungeschriebene Gesetz der Eingeborenen. Laut Statistik ist für eine in Südafrika geborene Frau die Wahrscheinlichkeit, sexuell missbraucht zu werden, höher als die, lesen und schreiben zu lernen. Urlauber und Urlauberinnen, die bereits lesen und schreiben können, können das Land unbeschwert genießen, zumindest die menschenleeren Gebiete und die als sicher ausgegebenen Bezirke von Kapstadt.

Am Kap fließen Atlantik und Indischer Ozean zusammen, das ist sehr aufregend, auch wenn man es nicht sieht. Schon gar nicht vom berühmten *Tafelberg* aus. Den muss im Gegensatz zu den Empfehlungen niemand beklettern, denn von oben bietet sich lediglich der Blick auf eine wabernde Nebelschicht. Viele, die schon eine Menge von Südafrika gesehen haben, finden diesen Blick allerdings den schönsten und auf jeden Fall den entspannendsten.

Fast ebenso erholsam ist der Gang durch den Botanischen Garten, in dem vor allem europäische Pflanzen gehegt werden. Das Wiedersehen macht Freude. Das berühmte *Castle of Good Hope*, angeblich an den Klippen des Kaps gelegen, ist seit langem ein Museum, und zwar eines, in dem die Wärter bereits schlafen, wenn die ersten Besucher eintreffen, sodass die Gäste Schwierigkeiten haben, noch eine freie Bank zu finden, um sich auszustrecken. Zu sehen gibt es nur Tafeln zur Geschichte des Kaps. Dass das Museum malerisch am Meer steht, wie immer noch in Reiseführern zu lesen ist, trifft dank erfolgreicher Landgewinnungsmaßnahmen schon seit den neunziger Jahren nicht mehr zu.

Immer wieder gern besucht: das hoffnungslose Kap der guten Hoffnung selbst. Im *Cape-Point-Nationalpark* werden die Besucher endlich mal nicht von jugendlichen Menschengangs überfallen, sondern von jungen Pavianen. Sie sammeln sich seit der Fußballweltmeisterschaft auch an anderen Aussichtspunkten, sogar vor Stadien, öffnen Autotüren, greifen durch Fenster, plündern Proviantkörbe und rauben aus bislang ungeklärten Gründen auch die Brillen und Fotoapparate der Urlauber.

Für Reisen ins Umland und nach Namibia und Simbabwe, besonders für Abenteurer in der Nachfolge Hemingways, sind zuletzt verlockende neue Großwildpakete geschnürt worden. Preiswert auf den Big-Game-Safaris sind nach wie vor Hyänen, Zebras, Kudus und Warzenschweine. Die begleitenden Diener – es ist inzwischen alles wieder so wie in der Kolonialzeit – schleppen das erlegte Tier an eine pittoreske Stelle, sodass der Schütze behelmt und freundlich dahinter posieren kann. Tiere, die auf der Roten Liste der gefährdeten Arten stehen, müssen leider immer noch extra bezahlt werden. Das ist für die Regierungen von Südafrika, Namibia und Simbabwe nach wie vor eine wesentliche Einnahmequelle.

Reiseveranstalter aus diesen Ländern haben sich zusammengetan und faire Pauschalangebote entwickelt wie das Crocodile Package (in einigen Fällen ist ein Hippo eingeschlossen, erkundigen!) und das preisgünstige Buffalo Package. Wegen der steigenden Nachfrage können leider nur noch Oryxantilopen für weniger als tausend Euro erlegt werden. Eine Giraffe kostet bereits das Doppelte, Geparden, Leoparden und Löwen sogar das Dreifache. Einen afrikanischen Elefanten zu schießen ist schon genauso teuer, wie einen kleinen Škoda zu kaufen. Da heißt es abwägen! Als unverschämt müssen die Preise für Breitmaulnashörner eingestuft werden: Jedes kostet vierzigtausend Euro und ist nach Abschuss meist nicht mal mehr, oder nur sehr kurz, zum Reiten geeignet.

SEYCHELLEN

Die schönsten Strände liegen auf den Malediven», sagen die Einwohner der Seychellen. Für die Anreisenden kommt die Auskunft zu spät. Immerhin finden sie trotzdem Palmen, Wasser und Strand, der hier allerdings von Sandflöhen bissig als Eigentum verteidigt wird. Doch das gehört zum Weltnaturerbe. Als wesentliche Vorzüge der Seychellen gelten die ungefilterte UV-Strahlung, die hohe Luftfeuchtigkeit und der unvergleichliche Artenreichtum an Mücken.

Die teuersten Inseln

Die Seychellen liegen nicht alle nebeneinander. Ausgerechnet die schönste, auf der immer die Werbefotos gemacht werden, das Atoll Aldabra, liegt extra weit von der Hauptinsel entfernt. Um dieses Paradies mit smaragdgrünem Wasser und spielenden Delphinen zu sehen, müssen Reisende vom Flughafen Mahé aus über tausend Kilometer fliegen. Die meisten Neugierigen verzichten auf den Ausflug angesichts der einheimischen Klappermaschinen. Bleiben die Hauptinseln, die per Fähre erreichbar sind oder zu denen der Flug nicht ganz so riskant scheint. Das haarsträubende Preis-Leistungs-Verhältnis ist laut *Tourism Watch* auf die Ursprünge der Einwohner in Strandraub und Piraterie zurückzuführen.

Mahé. Die Hotels liegen etwa dreißig Minuten vom Strand entfernt. Es empfiehlt sich die Fahrt mit einem der Tatas, der lokalen Busse, die ohne Fahrplan, dafür mit ausgeleierten Kupplungen und antiken Bremsen, über die Berge brummen. Die Wracks in den Schluchten stammen angeblich alle aus dem vorigen Jahrhundert. «Bei uns kommen mehr Touristen durch abstürzende Kokosnüsse ums Leben als durch abstürzende Busse», erklärt die Verkehrsgesellschaft. Andere verschwinden auf dem Weg zum Strand zwischen den Granitfelsen. Oder im Wald, wo die lispelnden Nachkommen der Sklaven und Piraten auf naive Wanderer warten. Auf Mahé wohnen die meisten Einheimischen, und zwar in der Hauptstadt Victoria (25 000 Einwohner, entspricht der Hälfte von Rheda-Wiedenbrück, auch hinsichtlich des Charmes). Hier gibt es so etwas wie Nachtleben, und zwar bis etwa 21.30 Uhr. Es findet in den Hotelbars statt. Da ein Bier rund acht Euro kostet, wird wenig getrunken.

Praslin. Hierhin gelangt man per Schiff. Die Reederei empfiehlt, bereits vor der wellenreichen Überfahrt zu kotzen, denn die Klos sind gewöhnlich wegen Störung gesperrt oder dauerhaft von breithüftigen Markthändlerinnen besetzt. Auf Praslin wachsen die zwanzig Kilo schweren Nüsse, die erledigen, was auf Mahé die Busse nicht schaffen. Großzügig: Die fünfzehn Euro für den Eintritt in den Nationalpark der Seychellennüsse werden laut Satzung bei Erschlagung eines Reisenden an dessen Angehörige zurückgezahlt. Freunde des Tropenregens schwärmen von Praslin. Hier geht er mit ungebremster Heftigkeit am häufigsten nieder. Gut zu wissen: Das Gelbfieber ist nicht auf Praslin entstanden, es ist aus Afrika eingeschleppt worden.

La Digue. Die ächzende Fähre von Praslin aus übersteht selbst der Kapitän nicht ohne Seekrankheit. Auf La Digue bewegt man sich per Ochsenkarren – oder per Fahrrad durch das, was die Ochsen abgeworfen haben. Die Fahrräder sind mit etwas ausgestattet, das wie Gangschaltung und Bremse aussieht, aber anders oder vielmehr gar nicht funktioniert. Alle Inselhopper strömen zu zwei Zielen: zum kolonialen Plantation House, an dem jedes Jahr bis zu zehn Werbespots gedreht werden. Und zum Strand Source d'Argent, auf dem sich nun endlich die Fotos machen lassen, bei denen Daheimgebliebene neidisch werden. Wenn kurz nach 18 Uhr die Sonne untergeht, fällt das Fehlen der Straßenbeleuchtung auf. In der sternenüberwölbten Dunkelheit erinnert man sich an die Empfehlung, eine Taschenlampe mitzunehmen.

Grande Sœur. Hier sind die Wellen am umwerfendsten und die Sandflöhe am bissigsten. Wer sich auf Grande Sœur kurz am Strand ausruht, sieht wenig später aus, als hätte er Masern, und fühlt sich auch so. Die Flöhe sind laut neueren Forschungsergebnissen allerdings nicht verantwortlich für das auf den Inseln grassierende *Chikungunya*-Fieber. Dessen Ursache scheint ein Virus zu sein. Die Muskel- und Gliederschmerzen führen zu einer gekrümmten Körperhaltung, die die Fortbewegung erschwert und beim Rückflug hinderlich ist, jedoch mit ein wenig Ausdauer in deutschen Tropeninstituten geheilt werden kann.

Bird Island. Die kleinen Flugzeuge, die hierher übersetzen, sehen malerisch aus, denn sie werden aus den Wrackteilen älterer Maschinen zusammengesetzt. Auf Bird Island gibt es wenige Menschen, dafür Schildkröten, deren Panzer bis zum Rand verkotet sind. Das gilt auch für die Touristen, wenn sie die Inseln wieder verlassen, denn bis dahin sind sie von den Birds flächendeckend bekleckst worden. Die angeblich seltenen Vögel schreien viel und ausdauernd und verdauen ständig, auch nachts, wie in den Schlafzimmern mit offenen Dächern unschwer zu bezeugen ist.

St. Pierre, Curieuse, Desroches, Alphonse, Cousin Island, Denis Island: Laut Befragung haben Seychellen-Urlauber nach drei bis fünf Inseln die Nase voll, weil sie von der Sonne versengt sind

(Lichtschutzfaktor dreißig reicht eben nicht), von der achtzigprozentigen Luftfeuchtigkeit niedergestreckt und vom Fieber gebeutelt sind. Gleichzeitig mit dem Deo versagt gewöhnlich auch das Mückenschutzmittel. Welche Tropenkrankheit von den Mücken übertragen wird, ist den meisten Urlaubern egal, wenn sie nur nach Hause dürfen.

So wird man lästige Mitreisende los

≫→ Ältere Mitreisende werden bereits auf der mindestens zwölfstündigen Anreise aus Mitteleuropa durch Thrombosen außer Gefecht gesetzt, die auf den Inseln nicht behandelt werden können. Andere erkälten sich in den auf zehn bis zwölf Grad heruntergekühlten Airporthallen der Zwischenstopps.

≫→ Überlebenden kann man empfehlen, einsame Strandspaziergänge zu unternehmen, gern mit Schmuck behängt. «Der glitzert in der Sonne so schön, Tante Julia!» Das mögen die Einheimischen. Und der Rat der Tourismusbehörde – «Wenn Sie vorhaben, allein auszugehen, informieren Sie bitte jemanden im Hotel darüber, wohin Sie gehen» – nützt im Nachhinein auch nichts mehr.

≫→ Auf Bird Island empfiehlt man lästigen Begleitern das vogelkundlich hochinteressante Aufspüren von Nestern. «Aber du musst allein gehen, sonst werden die Vögel misstrauisch.» Das werden die sogenannten Noddies sowieso. Sie greifen sehr schnell an, und zwar in wolkenartigen Schwärmen und unter Einsatz von Krallen und Schnäbeln. Natur hautnah!

SEYCHELLEN

Typisch Seychellen

Gelassener Umgang mit Raum und Zeit. Auf Mahé gibt es eine Bushaltestelle in der Mitte von Victoria. Wo sich die anderen Haltestellen befinden, will jetzt eine neueingerichtete Behörde für Tourismus ermitteln. Die Busse verkehren offiziell von 5.30 Uhr bis 22 Uhr, in Wirklichkeit zwischen 10 Uhr und 18 Uhr. Danach nur noch, wenn es absolut nichts im Fernsehen gibt.

Brauchtum und Tradition. Obgleich die Seychellen von Wasser umgeben sind, sprudelt aus den Leitungen reines Chlor. Es dient zur Desinfektion der Wasserleitung und zur raschen Entfernung des Säureschutzfilms der Haut. Die bei den Einheimischen auffallenden Hautkrankheiten sollen jedoch auf etwas anderes zurückzuführen sein: auf einen genetischen Defekt, den Vasco da Gama vor fünfhundert Jahren ins Land brachte. Er zählt seither zur Tradition.

Unverdauliche Landesspezialitäten

Trinkwasser, in Flaschen zu haben, ist teurer als Cola oder alkoholfreies Bier.

Die Vorspeisen bestehen aus Kokos, gestückelt, geraspelt oder gerieben, gewürzt mit Ingwer, Knoblauch, Zitronengras und Chili. Die Hauptgerichte bestehen aus Kokos und Fischstücken oder geschnetzelten Oktopusfüßen sowie kleingeschnittenen Flughunden, gewürzt mit Ingwer, Knoblauch, Zitronengras und Chili. Die scharfe Muschelsuppe Tec-Tec (wörtlich: «Du musst verrückt sein!») wird von Einheimischen gemieden, jedoch gern an Touristen ausgegeben, allerdings nur unmittelbar vor deren Abreise.

Die Desserts bestehen aus mit Zucker zusammengepappten Kokosraspeln. Daneben gibt es unreife Bananen und eine Magnolienfrucht namens Cherimoya, die nach nichts schmeckt, jedoch hartnäckige bräunliche Flecken auf der Kleidung hinterlässt, sogenannte Seychellen-Souvenirs. Die beliebte Jackfrucht sondert ein klebriges Sekret ab, das sich nicht mit Wasser von Fingern und Händen lösen lässt, sondern nur mit einem auf den Seychellen erhältlichen teuren Öl.

Die Spezialität zwischendurch: Teigtaschen, Samosas genannt. Womit sie gefüllt sind, bleibt das dunkle Geheimnis des jeweiligen Take-Aways. Vorsichtshalber werden sie so scharf gewürzt, dass der mulchige Inhalt nicht mehr zu identifizieren ist, schon gar nicht nach Öffnung des Leichnams.

Das reicht für das Expertengespräch

«Bitte loben Sie die Einwohner als freundlich, warmherzig und bescheiden», bat der langjährige Diktator France Albert René. «Auch wenn Sie das Gegenteil erfahren haben, ja, gerade dann.» Die Einwohner sind also freundlich, warmherzig und bescheiden. Ihre Hintern sehen aus wie die zweigeteilten Riesenkokosnüsse an den Bäumen. Überdies erzählen Reisende gern, dass es auf den Seychellen anders regnet als in Europa, nämlich so, als hätte ein Requisiteur eine Regenmaschine aufgestellt: Sie wässert die Hälfte des Platzes – diejenige, auf der man steht – und lässt die andere Hälfte trocken. «Außerdem haben wir eine beinahe schon ausgestorbene Vogelart gesehen, den Magpie Robin, ähnlich wie eine Elster, aber mit dottergelbem Bauch und mit herrlichem Gesang!» Der Gesang ist ein hässliches Schnarren, aber das muss man nicht erwähnen. Besser: «Die Atolle werden bei weiterem Anstieg des Meeresspiegels bald untergegangen sein. Gut, dass wir sie noch gesehen haben.» Und die wichtigste Lüge: «Die palmengesäumten Strände sind das reine Paradies! Dass es so etwas noch gibt!»

Das meinen Kenner

«Man würde sich hier zu Tode langweilen, wenn die zahllosen Mücken nicht wären.»
– DAVID FOSTER WALLACE, SCHRIFTSTELLER

«Wer die Seychellen mag, wird sich auch in der Hölle wohlfühlen.»
– SAVITRI DEVI, SCHRIFTSTELLERIN

«Am spannendsten sind zweifellos die Schildkröten-Rennen, die die Einwohner veranstalten.»
– HUNTER S. THOMPSON, REPORTER

SEYCHELLEN

AMERIKA

USA

NEW YORK

New York hält den weltweiten Rekord im Energieverbrauch und ist zugleich einer der wichtigsten Müllproduzenten der Erde. Es verfügt über die größte Dichte an verlegten Kabeln plus Mobilfunkantennen und hat den höchsten Pro-Kopf-Verbrauch an Schlaftabletten. Therapeuten lieben «the city that never sleeps». Eine Rekordzahl von Analytikern kümmert sich um Klienten. Die Stadt muss also auch die weltweit größte Ansammlung von Neurotikern sein – oder solchen, die sich dafür halten. Mit *New York* ist gewöhnlich *Manhattan* gemeint, also der Wald von Wolkenkratzern auf der zentralen Landzunge zwischen Hudson und East River. Von der Südspitze bis zum Central Park sind es zehn Kilometer. Breite: ungefähr drei Kilometer. Das ist es schon, was mit New York gemeint ist. Besucher aus europäischen Großstädten sind oft enttäuscht, weil die Stadt in Filmen, Fernsehserien und auf Bildern eindrucksvoller rüberkommt als live. Berlinern erscheint Manhattan wie eine geblähte Variante von Kreuzberg plus Mitte. Später eingemeindete Stadtteile wie Queens oder die befriedete Bronx sind tatsächlich nicht interessanter als Chemnitz oder Remscheid. Allenfalls Brooklyn ist der Erwähnung wert. Dorthin führt eine Brücke, von deren Ende man die Skyline ablichten kann. Überdies

NEW YORK

ist Brooklyn zum Zufluchtsort aller geworden, die glaubten, sie würden in New York als Künstler entdeckt. Und all jener, die sich Kinder leisten. Denn die Stadt ist teuer. Sehr teuer. Für Besucher ebenso wie für die Bewohner.

Was man auslassen kann

Nach New York fährt man, um anderen zu erzählen, dass man dort war. Vielleicht noch, um zu checken, ob es wirklich so aussieht wie in den Filmen, also wie bei Woody Allen oder in *Sex and the City*. Ja, sieht einigermaßen so aus. Beweisfotos machen. Und das war's auch schon. Was nun bis zum Abflug? Herumwandern? Bisschen shoppen bei den berühmten Adressen, wo man schlechte Qualität zu Höchstpreisen ergattern kann? Ins Museum? Ein Käffchen trinken für fünf Dollar? Oder einfach hin und her gehen? Immerhin ist die Stadt übersichtlich gegliedert: Downtown heißt das südliche Drittel. Darüber folgt Midtown. Links und rechts des Central Parks befindet man sich in Uptown. Schluss. Nördlich des Parks, schon nicht mehr richtig Manhattan, liegt das veredelte Harlem. Die U-Bahn fährt unablässig rauf und runter. Busse gibt's auch. Wer viel Zeit rumkriegen muss, geht einfach zu Fuß. Hier sind die meistgehypten Ziele.

Downtown. Manhattan hat ein Straßengitter mit Nummerierung für Dummies («Ich kann zählen»). Lediglich auf der Südspitze, dem Ursprung, geht es unnummeriert und krautig zu. Hier gibt es sogar noch ein paar krumme Straßen. Und hier liegt der *Financial District*, in dem die Leute sich am meisten anstrengen, Selbstbewusstsein vorzutäuschen. Vor allem in der *Wall Street*. Wer dort die Bronzeskulptur eines Bullen berührt, wird reich oder, wie indianische Heiler behaupten, bekommt Krebs. Einfach ausprobieren. Ganz nah: *Ground Zero*, auch *World Trade Center Site* genannt. Fünf neue Kratzer sollen aus der Baustelle wachsen. Vorerst gibt es nur ein provisorisches 9/11-Museum, das niemand sehen will, und fliegende Händler, die Brand-, Rauch- und Einsturzfotos anbieten. Östlich der ehemals berüchtigten Straße namens *Bowery* liegt die *Lower East Side*. Hier finden sich Reste jener Zeiten, in denen Manhattan noch nicht das Zentrum der Reichen war. Gute Fotos sind möglich von Feuerleitern und hundertjährigen Klimaanlagen. *China Town* nebenan bleibt ein matter Abglanz der gleichnamigen Variante in San Francisco, und wiederum zwei Straßen weiter verdämmert *Little Italy*, das zum letzten Mal populär war, als *Der Pate* in den Kinos lief. Muss vor vierzig Jahren gewesen sein. Touristen mit Reiseführern in der Hand wandern herum und äußern «Aha», «Ach so» und «Das war das». Genau. Auch das benachbarte Quartier namens *SoHo* (South of Houston Street) ist längst kein Künstlerviertel mehr. Geblieben sind einige einschläfernde Galerien. Nun nur noch *Greenwich Village*, ein ehemals szeniges, jetzt vor allem teures Viertel mit ansehnlichen Häusern und elf Bäumen. Und das war Downtown. Super!

Midtown. Nördlich der 14. Straße beginnt Midtown. Das sind zwölf Quadratkilometer extrem wichtiger Konzernzentralen plus teure Läden und Musikantenstadl. *Broadway* und *Times Square* dienen nur dem Foto zum Wegbeamen: Seht ihr, ich bin da! Außer großflächiger Reklame ist da nicht viel zu erleben. Abends gibt es sogenanntes Entertainment. Doch, ja. Wer schwungvolle Musik mag, wie sie auch in Altenheimen gern gehört wird, ist hier richtig. Muss man sich das *Rockefeller Center* ansehen? Einen Komplex von zwanzig Hochhäusern? Bestimmt nicht. In der Mitte gibt es einen Springbrunnen, aber hallo, im Winter eine Schlittschuhbahn. Wer sich auf die Aussichtsplattform im 70. Stock des General Electric

Buildings liften lässt, kann behaupten, die Aussicht sei toller als vom Empire State Building. Schwer überprüfbar, macht aber einen fachkundigen Eindruck. *Empire State* muss nur sein, wenn man erzählen will, man sei King-Kong-mäßig oben gewesen. Durchschnittlich zehntausend Leute pro Tag wollen hoch und runtergucken.

Architekturfreunde bevorzugen das *Chrysler Building.* Superman soll mal um die Spitze geflogen sein. Kommt auch eher selten vor. Im *Trump Tower* vergreist ganz oben der Typ, der sich immer scheiden lässt. Und im *UN-Gebäude* am East River wird alle zwei Monate der Frieden durchgesetzt. Wer schon immer nichts von Kunst verstehen wollte, begibt sich ins *Museum of Modern Art.* Selbst wer klug reingeht, kommt doof wieder raus. Nun noch ein paar Fotos, gut postiert unter den Straßenschildern von *Fifth Avenue, Madison Avenue* und *Park Avenue.* Und das war's.

Uptown. Eigentlich sind Downtown und Midtown schon das, was man unter New York versteht. Fehlt allenfalls noch der *Central Park,* ehemals von Vergewaltigern bevorzugt, jetzt auch für Läufer, Kutschen, Zoobesucher, Bootsfahrer und Basketballer geöffnet. Ein Stadtpark eben. Am östlichen Rand das *Metropolitan-Museum.* Drinnen viel Kunst, von Erben statt Steuer gespendet – oft unter der Bedingung, dass die Sammlung zusammenblieb. Man wandert also weniger durch die Epochen als vielmehr von Hobbyraum zu Hobbyraum. Hier ein Impressionist neben einer Indianermaske, drei Räume weiter einer neben javanesischen Schattenfiguren. Optimal für Leute, die gern suchen. Vom *Guggenheim-Museum* dreihundert Meter weiter bleibt überhaupt nur der Bau in Erinnerung. Unter einer Glaskuppel führt eine spiralförmige Rampe nach oben. Schöner Blick in die weite Rotunde. Stört kaum, dass an der Wand und in Nebenräumen Bilder hängen. Weiter nach Norden folgt *Harlem,* wo bis vor vierzig Jahren

NEW YORK

schwarze Musik gemacht wurde. Jetzt hat Bill Clinton da sein Büro für Praktikantinnen.

So wird man lästige Mitreisende los

Leute loszuwerden ist gar nicht so einfach. Manhattan ist zu übersichtlich. Und obwohl die Bewohner durchblicken lassen, dass sie keine weiteren Touristen benötigen, sind sie verblüffend hilfsbereit. Man kann nicht sagen: «Onkel Patrick, jetzt pass mal auf, wir treffen uns um eins da, wo im Dezember immer der größte Weihnachtsbaum der Welt steht, ich weiß im Augenblick nicht mehr genau, wie das heißt, frag dich einfach durch», und dann hoffen, dass er nie hinfindet. Er wird pünktlich da sein, geführt von einem riesigen Schwarzen, um den er zu Hause einen großen Bogen gemacht hätte. Wir brauchen größere Irrwege.

⟫⟶ Die Freiheitsstatue. Wir sagen: «Die Freiheitsstatue musst du von nahem gesehen haben! Egal, wie man dazu steht – sie ist das Symbol des amerikanischen Traums!» Wir können nicht mitkommen, denn wir werden so leicht seekrank. Und zur Statue kommt man nur mit der Fähre. Die legt von der Südspitze ab. «Bis später im Hotel!» Den Tag haben wir frei. Die Wartezeit auf die Fähre beträgt zwei bis drei Stunden. In dieser Zeit besteht für unseren Onkel Gelegenheit zu Gesprächen mit den Souvenirhändlern, die die Schlange abgrasen. Nach der Überfahrt hängt er auf der sturzlangweiligen Insel herum. Auch dort warten Schlangen von Leuten, die alle wieder wegwollen. Die Statue hat von nahem allenfalls schattenspendende Wirkung. Wenn der Onkel sich mobil beschwert, raten wir ihm zur *Staten Island Ferry*, einer Pendlerfähre, von deren Reling er einen exzellenten Blick auf Skyline und Miss

NEW YORK

Liberty hat. «Das machen alle.» Leider braucht die Fähre recht lange bis nach Staten Island und fährt auch keineswegs gleich zurück. Mit etwas Glück sehen wir den Onkel übermorgen zum Frühstück.

≫→ **Kaufhäuser.** Die redselige Frau Ebermann hat sich an uns gehängt? Oder die schon ziemlich lange alleinstehende Susanne? «Ihr zwei müsst einfach in die berühmten Kaufhäuser. Ihr habt beide einen sicheren Geschmack. Euch ist es zuzutrauen, ihr findet die Schnäppchen! Wir sind schon gespannt!» Die berühmten Kaufhäuser heißen Macy's, Bloomingdales und Saks Fifth Avenue. «Die liegen alle nicht weit auseinander und machen zufällig jetzt gerade Sale!» Ein bisschen wandern müssen unsere beiden dahin schon. Es wird sie hoffentlich nicht stören, dass sie in den vollgemüllten Stockwerken ausschließlich auf Touristen treffen. Die meisten schleppen sich entnervt ins Restaurant auf dem Dach. Denn die große Zeit der Kaufhäuser ging auch in New York schon in den Achtzigern zu Ende. Seither ist immer Sale. Für den permanenten Ausverkauf wird extra Ramsch produziert mit Schildern, die total enorme Riesenrabatte versprechen. Lediglich bei Möbeln und Teppichen, meinen Kenner, kann man noch echte Schnäppchen machen. Moment mal! Ja, warum nicht? Klingt optimal für unsere Reisenden!

≫→ **All Loop Tour.** Für unsere neugierigen Lästigen haben wir eine düstere Botschaft: Wir planen für den anbrechenden Tag einen zehnstündigen Fußmarsch. «Wir möchten mal versuchen, die ganze Halbinsel zu umrunden.» Unsere Lieblinge stöhnen auf und erklären, warum sie uns das nicht zutrauen. Sie brauchen ja nicht mitzukommen. Mitfühlend setzen wir sie in einen Sightseeing-Bus der *Gray Line*. Die haben einen *Uptown Loop* im Programm und einen *Downtown Loop*. Wir raten unseren Freunden aber dringend zur *All Loop Tour*, damit sie auch mal nach Brooklyn kommen.

NEW YORK

«Ihr könnt überall aussteigen, wo es euch gefällt, und jederzeit dort oder woanders wieder zusteigen! Vielleicht seht ihr uns ja am Ufer entlanghumpeln!» Unwahrscheinlich. Denn wir setzen uns in ein Gartenrestaurant im Central Park. Weil wir einfach mal einen Tag ausspannen wollen. «Ihr hattet recht», erzählen wir am nächsten Tag unseren gestauchten Busfahrern. «Wir mussten früh aufgeben.»

Typisch New York

Sozialneid. Seit unter Obama die Gelddruckmaschine angeworfen wurde, ist der Dollar abwärtsgetrudelt und der Umtauschkurs günstig. Trotzdem ist New York überraschend teuer. Hier muss man Geld haben oder wegziehen. Der dreißig Jahre alte Science-Fiction-Klassiker *Die Klapperschlange* prophezeite Manhattan eine Zukunft als düsteres, eingezäuntes Gangsterghetto. Anfang der achtziger Jahre schien die Entwicklung in so eine Richtung zu laufen. Doch in den Neunzigern wurden rigorose Anti-Kriminalitäts-programme aufgelegt, die zum Gegenteil geführt haben. Manhattan ist eine saubere Stadt geworden. Eine Stadt, in der sich Reiche wohlfühlen. Womit verdienen diese Leute eigentlich so viel Geld, dass sie ganze Stockwerke in feinen Häusern besitzen? Unten steht ein Wachmann und winkt bei Bedarf die Limo herbei, die extrem gedehnte mit den undurchsichtigen Fenstern. Robert de Niro zog in den Achtzigern ins Absturzviertel Tribeca (etwas nördlich von Ground Zero). Seither haben sich die Immobilienpreise dort verzehnfacht, und die Noblen sind unter sich. Mit ein paar Abstrichen gilt das für ganz Manhattan. Die Gegend rund um den South Street Seaport, ehemals verrufen, ist ein Sahnestück geworden, in dem Großmütter mit offenen Handtaschen spazieren gehen können. Die Gangster müssen irgendwo anders rumhängen. Auch die Kreativen sind ausgewandert. Musiker, Maler, Freaks, von denen Manhattan früher voll war, können sich nur noch Besuche leisten. Grollen sie? In Maßen. Sozialneid ist nichts Amerikanisches. Aber wer aus dem alten Europa kommt, kann diese energetisierende Regung bei sich aufkeimen spüren.

Hubschrauberflug. Wo Touristen sind, gibt es Nepp. Wer mit Kindern auf einen Spielplatz im Central Park gerät, kann gar nicht so schnell nachzahlen, wie die Kleinen kostenpflichtige Karussells, mehrstöckige Rutschen, Eisbuden und Abenteuerkrimskrams plus Fun-Foto ausprobieren. Ein bleibend erfolgreicher Nepp sind die *Helicopter Flights.* Sie starten Downtown direkt am Hudson. Wartezeit zwei bis drei Stunden, wenn man nicht gebucht hat. Geht aber übers Internet: Zeitfenster reservieren, Antwort abwarten, Kreditkarte ist schon mal belastet mit siebzig Euro pro Person, wunderbar, dann nochmal anrufen und Flug bestätigen. Security Checks wie am Flughafen, keine Taschen an Bord. Für einen professionellen Fotografen lächeln. Und an Bord des betagten Helis die Fensterplätze links erobern. Wollen alle. Flugdauer ungefähr zehn Minuten. Keine eigenen Kameras bitte. Der Pilot leiert seine Infozeilen herunter. Und so sieht Manhattan von oben aus. Aha, tatsächlich so wie im Web. Eine Runde. Und Landung. Das Foto «Porträt mit Hubschrauber» ist inzwischen fertig, kostet nur dreißig Dollar. Als Datei fünfzig. Google Earth ist natürlich billiger und sicherer, klar. Aber da fehlt der Thrill, der hier mitfliegt. Bei dem ungeregelten Kleinflugverkehr überm Hudson geschieht es ja immer wieder, zum letzten Mal 2009, dass ein Heli mit einem Privatflugzeug zusammenstößt. So ein Kitzel fehlt bei Google Earth. Und für Kitzel muss man zahlen.

NEW YORK

Unverdauliche Landesspezialitäten

Es gibt keine unverdaulichen Speisen in New York. Alles ist verdaulich. Sogar dermaßen leicht verdaulich, dass es überhaupt nicht verdaut zu werden braucht. Es bleibt einfach liegen in den unendlichen Schlingen der Eingeweide. Pancakes, Donuts, Bagles, Muffins, Pizza, Hot Dogs, Finger Food, Sandwiches, Wraps, Burger. Das klumpt einfach zusammen. Wer sich nur eine Woche in New York aufhält, kann getrost ein Zimmer ohne Klo buchen, es sei denn, er muss kotzen. Wer mal pinkeln muss, begibt sich in den Apple Store in der Prince Street in SoHo. Da kann auch gleich kostenlos Wasser nachgefüllt werden. Alle Reisenden schrauben ihre Ansprüche an Verpflegung in New York radikal herunter. Sie schlagen sich mit trübsinnigen Happy Hours und pampigen Büfetts durch. Sie gehen, weil es der Führer empfiehlt, zu *Katz's Delicatessen*, wo Harry und Sally flirteten, und begreifen allerspätestens hier, dass Delikatessen oder Deli überhaupt nichts mit delikat oder auch nur wohlschmeckend zu tun haben. Im Gegenteil. Wer gut essen will, nur ein einziges Mal, muss sehr viel Geld ausgeben und sehr viel Zeit mitbringen. Feinschmecker freuen sich auf zu Hause.

Das reicht für das Expertengespräch

Der Autor Max Frisch lebte Anfang der achtziger Jahre in New York und äußerte: «Ich hasse es, ich liebe es, ich hasse es, ich liebe es.» Diese Äußerung macht sich auch heute noch gut im Gespräch und lässt Sensibilität ahnen, wenngleich sie nicht mehr ganz zutrifft. Ständig hin- und hergerissen ist man in Manhattan nicht mehr. Die Spannungen sind viel geringer geworden, die Amplitude ist flacher.

NEW YORK

Das hängt mit dem Thema zusammen, das zum Stirnrunzeln und besorgten Abwägen bestens geeignet ist: Gentrifizierung. Nein, wir kommen gerade aus New York, also: *Gentrification.* «Ein sehr bedenklicher Prozess!», reicht als Anschubformel für eine lebhafte Diskussion. Die Aufwertung ehemals brüchiger Gebiete ist problematisch. Nein: hochproblematisch! Wir können beitragen: «Die einkommensschwächeren Schichten werden verdrängt, ist ja auch in unseren Städten im Gange; wohin das führt, kann man in New York sehen.» Hoffentlich müssen wir nicht ins Detail gehen. Aber normalerweise befinden sich Leute in der Runde, die New York noch aus der aufregenden Zeit kennen, aus der Frisch-Epoche, als es in Downtown und in der Upper West Side noch jede Menge schäbige Viertel gab. Das war die knisternde Zeit. Auch die Zeit des Drogenhandels und der Beschaffungskriminalität. Die Mordrate ist jetzt auf einen beschämenden Tiefpunkt gesunken, wie es ihn zuletzt Anfang der biederen sechziger Jahre gab: nur sechs Morde pro hunderttausend Einwohner. Das ist weniger als auf den idyllischen Seychellen. «Kann da noch Kunst gedeihen?», fragen wir in die Runde. «Ist das noch ein kreatives Umfeld? Lohnt sich da überhaupt noch die Reise?»

Das meinen Kenner

«New York ist nie hinausgekommen über ein Konglomerat von Kleinstädten.»
  – ALISTAIR COOKE, AUTOR

«Ich liebe das alte Jork an der Elbe mit seinen Obstbäumen und Fachwerkhäusern.»
  – ELISABETH FLICKENSCHILDT, SCHAUSPIELERIN

NEW YORK

> «*Fuck me, fuck you, fuck this whole city and everyone in it.*»
>
> – SPIKE LEE, REGISSEUR

SAN FRANCISCO

San Francisco lebt von einem einzigen Hit», beklagte die Sängerin Courtney Love. Ihr Hit ist es nicht. Die Hippie-Hymne «San Francisco (be sure to wear some flowers in your hair)» wurde gerade komponiert, als Courtney geboren wurde. Seither ist es nicht nur der meistgespielte Song über eine Stadt, sondern laut Bürgermeister Gavin Newsom auch «die dauerhafteste kostenlose Werbung, die es je für eine Stadt gegeben hat». Und falsch ist diese Werbung obendrein.

Das relaxte Laid-Back-Gefühl, das die *foggy city* vor vierzig Jahren auszeichnete, hat sich längst verflüchtigt. Die Stadt liegt immer noch hübsch auf Hügeln überm kalten Pazifik, und der Nebel deckt die Slums an den meisten Tagen wohltuend zu. Doch die einst massenhaft eingewanderten Hippies und Beatniks und hoffnungsvollen Musiker und spirituellen Optimisten sind, wenn nicht gestorben, so doch krank und alt geworden. Arm waren sie natürlich von Anfang an, nur fiel das zu Beginn nicht so auf.

Jetzt wankt eine Menge ranziger Greise und Lumpenfrauen durch die Stadt, speziell in den abgehalfterten Vierteln nahe dem ehemals coolen Bezirk *Haight Ashbury*. Obdachlose, Dreck und Drogenkriminalität gehören hier schon länger zu den auffallendsten Erscheinungen, der Geruch von Urin und Fäkalien zu den häufigsten Aromen – obgleich immer ein kühler Wind weht. Natürlich wird immer noch Marihuana geraucht, doch den Top-Platz nimmt San Francisco bei den Alkoholikern ein. Das muss den Besucher nicht stören, nein, überhaupt nicht, ist aber so auffallend, dass es doch stört. Bereits bei Kurztrips. Und die genügen, wenn sie überhaupt sein müssen.

Was muss man besonders meiden? Natürlich die berühmten Straßen. Auf jeden Fall zwei: diejenige über die *Golden Gate Bridge* und die *Lombard Street*. Lombard ist die krummste Straße und die meistgefilmte. Hier will jeder mal am Steuer gesessen haben. Deshalb winden sich zu jeder Tageszeit Schlangen von Leihwagen im Stop and Go durch die steilen Serpentinen. Wenn es zu Unfällen kommt – was verblüffend häufig der Fall ist, weil wieder jemand versuchte, eine Filmszene nachzuahmen –, dann ist für einen Tag Schluss. Solche Tage (immerhin 127 im vergangenen Jahr) sind die schönsten im Leben der Anwohner.

Ebenso gestockt voll ist es beim *Ferry Building* und am *Fisherman's Wharf.* Früher als alle anderen Hafenstädte begann San Francisco mit der Veredelung seiner trübsinnigen Wasserseiten. Seither wird an den Kais über Lautsprecher und von Straßenmusikern am laufenden Band «Sitting on the dock of the bay» intoniert. Und seither wird aus Chile importierter Fisch aufgetaut und als fangfrisch an die Touristen verbraten. Für diesen Nepp muss man sich auch noch anstellen, denn alle Busse kommen gleichzeitig und werden sofort durch nachrückende ersetzt, allerdings nur zwischen sieben Uhr morgens und zehn Uhr abends. Mitbringsel: Golden Gate auf Sammeltellern, T-Shirts und chinesische Armbanduhren sowie *I-was-a-prisoner-of-Alcatraz*-T-Shirts.

Alcatraz ist die ehemalige Gefängnisinsel in Sichtweite. Sie kann per Boot erreicht und besichtigt werden. Man sieht Zellen

SAN FRANCISCO

und die Fotos von Insassen und, am wichtigsten, kann sich hinter Gitterstäben fotografieren lassen. Eine weitere beliebte Folter ist *Chinatown*. «Eine richtige Reise muss quälend sein», schrieb der ortsansässige Autor Gary Snyder. Und da ist Chinatown mit seinen stinkenden Fischsuppen und vergammelnden Austern die erste Wahl. Dass ein Film von Roman Polanski den Bezirk im Titel führte, hat den Umsatz der Salmonellen-Take-Outs enorm gesteigert, bis heute, obgleich nur eine einzige Szene des Films hier gedreht werden musste.

Wer einen Leihwagen hat, kurvt gewöhnlich noch die Küstenstraße (*Pacific Coast Highway*) entlang nach Norden, bis allen Mitfahrern schlecht ist. Bald wird klar, dass die Parkenden an den Aussichtspunkten nicht fotografieren, sondern kotzen. Die Möwen mögen das. Es gibt noch ein Getty-Museum, das man in Kauf nimmt nach dem Motto: «Wenn wir schon mal hier sind.» Und eingemeindete Städtchen der Bay Area wie das slummige Oakland und das von Ökogreisen besiedelte Berkeley.

Als ruhigster Platz gilt der *Golden Gate Park*. Hier gibt es ein japanisches Teehaus und eine holländische Windmühle. Hier meditieren die Bewohner von San Francisco und sehnen sich nach anderen Orten.

LOS ANGELES UND HOLLYWOOD

Niemand kommt wegen Los Angeles nach Los Angeles», deklamierte der Saufpoet Charles Bukowski. «Ich bin wegen der Pferderennen gekommen.» Das ist ein überzeugender Grund.

Andere Reisende kommen wegen Disneyland. Das ist natürlich auch ein toller Grund, besonders für Leute, die gern Schlange stehen und nach einer Stunde den Punkt erreichen wollen: «Von hier aus nur noch zwei Stunden Wartezeit.» Wenn sie dann ganz nah am realen Einstieg sind, beinahe schon im befahrbaren Wasserfall oder im Space Shuttle, dann hat sich gewöhnlich ein technischer Fehler eingeschlichen, und es werden Gutscheine ausgegeben zum Wiederkommen an einem anderen Tag.

Das ist schon mal nicht schlecht. Noch besser aber, wenn man schon in Los Angeles ist (für absolut coole Insider-Kenner: L. A.), ist Hollywood. Hollywood soll mal was mit Filmgeschäft zu tun gehabt haben, und zwar noch bis in die fünfziger Jahre des vergangenen Jahrhunderts. Damals soll es nicht nur Kinos in diesem Stadtteil gegeben haben, die gibt es auch jetzt noch, sondern auch Filmstudios. Ein oder zwei davon haben als Museen überlebt.

Aber Filme werden in Hollywood schon lange nicht mehr gedreht, noch nicht mal produziert. Die Produktionsgesellschaften sind international und kratzen für jedes Projekt neue Geldgeber zusammen, die in London, New York, Bombay, Shanghai oder Acapulco sitzen. Aber bestimmt nicht in Hollywood. Kulissen sind ebenfalls überflüssig geworden. Statt großer Hallen sind nur noch große Speicherplätze auf den Computern nötig. Und was noch real gedreht werden muss, kann überall auf der Welt gedreht werden, und das wird es auch, nur eben nicht in Hollywood.

Dennoch schreibt die Yellow Press in Mitteleuropa beharrlich von Hollywood-Stars und Hollywood-Skandalen. Man weiß genau, was gemeint ist, bis man den Ort selbst zu sehen bekommt. Dann wird klar: Hier ist kein Star. Hier spielt sich auch kein Skandal ab, außer dass mal ein Betrunkener gegen einen Laternenpfahl rennt.

Die Hauptstraße des Bezirks, der Hollywood Boulevard, beginnt in verwarzten Randbezirken jenseits des Freeway und

LOS ANGELES UND HOLLYWOOD

verliert sich sieben Kilometer später in hügeligen Wohngegenden, immer parallel zum noch trübsinnigeren Sunset Boulevard. Ziemlich genau in der Mitte, bei der U-Bahn-Station Hollywood/Vine, erstreckt sich in beide Richtungen und auf beiden Straßenseiten, mittlerweile sogar in zwei Querstraßen, der letzte berühmte Rest der Filmstadt Hollywood: der *Walk of Fame.*

Hier besitzen längst vergessene oder nie bekannte Schauspieler, Sänger, Fernsehansager und Radiosprecher einen metallenen Stern mit Namen in den Bodenplatten. Ein Faltblatt erklärt alphabetisch und mit Karte, wo welcher Stern glänzt, wo etwa Humphrey Bogart oder Katharine Hepburn zu finden sind. Nicht real natürlich, nur als eingelassener Stern.

Eigentlich ist kein Missverständnis möglich. Aber es kommt immer wieder vor, dass unkundige Besucher, in der Regel aus Mexiko, bei Nacht versuchen, die Granitplatten anzuheben, um die darunter befindlichen Gräber auszurauben. Das ist technisch und muskulär eine bewundernswerte Leistung, nur befinden sich eben keine Gräber darunter. Gleichwohl sind bei diesen archäologischen Bemühungen erstaunlich viele Knochen geborgen worden. Wenn es noch Detektive gäbe in Hollywood, käme man hier womöglich düsteren Rätseln auf die Spur. Aber es gibt sie nicht mehr, die Detektive und auch nicht die Rätsel. Es gibt eigentlich gar nichts hier außer ein paar Fressbuden und den Weg zum Flughafen.

DER SÜDWESTEN

Im Südwesten der USA gibt es eine Reihe von Nationalparks. Sie sind am besten mit einem Leihwagen zu erreichen, und zwar mit einem, in dem man schlafen kann. Denn es gibt entlang der Strecke Übernachtungsmöglichkeiten, aber nicht viele und nur für Leute, die ein Jahr im Voraus gebucht haben. Das sind überraschend viele. Fünf Millionen Reisende begeben sich in den Zwischenjahreszeiten auf die Canyon-Route.

In Utah gehören zu den absolut überflüssigen Must-See's der *Arches-Nationalpark* (zwei bis drei durch Erosion entstandene Bögen aus Sandstein und eine Menge Staub), der *Bryce Canyon* (Klüfte in Orange und Rosa, nur vom Rand aus im Abendlicht akzeptabel) und der *Canyonlands-Nationalpark*, der weniger besucht ist, weil er keinen auffallenden Höhepunkt hat. Überhaupt leidet der Tourismus in Utah, und zwar vor allem unter einer bundesstaatlichen Verordnung: Es gibt hier keinen Alkohol, obwohl das Land so öde ist. Dafür bekommt man an allen Tankstellen und in allen Läden das kostenlose *Book of Mormon*, eine von Gott persönlich diktierte Schrift aus dem neunzehnten Jahrhundert, die keinerlei Trost birgt, die man zum Scherz dennoch mitnimmt und spätestens vor dem Abflug weiterreicht.

Arizona ist besser besucht, und die Abende hier verlaufen erkennbar heiterer. Das Land ist noch trockener, aber die Kehle wird feuchter. Die Leute, die aus Utah herüberkommen, haben leuchtende Augen, selbst an vernachlässigbaren Highlights wie dem *Petrified Forest* (ein Dutzend versteinerte Baumstümpfe) und dem *Canyon de Chelly* (rote Schluchten mit alten Wohnhöhlen). Der Oberhit hier ist der *Grand Canyon*. Auch wenn niemand ihn gerade per Motorrad überspringt oder mit dem Gleitschirm durchsegelt, ist er voll, nicht unten, sondern oben am Rand, wo es Restaurants und Erfrischungen gibt. Man kann auch hinabklettern, wird daran aber meist von Rettungskräften gehindert, die dehydrierte Wanderer vom Boden der Schlucht bergen oder die Insassen eines Hubschraubers abtransportieren, der seine Rotorblätter am Fels zerschreddert hat.

Einer der Latest Hits ist der *Grand Canyon Skywalk*, der aus folkloristischen Gründen von Nachfahren eines Indianerstammes (den Yuma-Apachen oder Hualapai) verwaltet wird. Das Betreten der über die Schlucht gebauten U-Plattform kostet etwas weniger als hundert Dollar. Dafür darf man nicht nur über die gläserne Brüstung starren, sondern kann das Rinnsal des Colorado sogar durch den gläsernen Boden erkennen. Jeder auf dem Skywalk trägt schonende Überschuhe, die beim Eintritt ausgegeben werden. Dennoch zeigt der Glasboden erstaunliche Kratzer, angeblich von heruntergefallenen Gebissen. Die eigene Kamera muss übrigens abgegeben werden. Dafür gibt es eine festinstallierte, die sehr gern von den Nachfahren der Hualapai bedient wird. Die Einnahmen kommen der Konservierung des Stammes durch hochprozentigen Alkohol zugute.

DER SÜDWESTEN

MEXIKO

CHICHÉN ITZÁ

Wer Ausgrabungsstätten mag, also eine Menge Steine, die von Flechten bewachsen sind und von fleißigen Archäologen wieder zu Säulen und Ruinen zusammengesetzt wurden, wer gerne in gemauerte Gräben schaut, in denen mal Wasser floss, und zwar vor tausend Jahren, wer gerne steinerne Gartenzwerge betrachtet, die von einem längst ausgestorbenen Volk hergestellt wurden, wer einen gepflasterten Platz sehen möchte, auf dem mal Ball gespielt wurde, aber nicht mehr in den letzten fünfhundert Jahren, und wer sich schließlich angesichts von alten Altären und Opfersteinen gern vorstellt, wie sexy junge Männer und Jungfrauen hier rituell geschlachtet und zerlegt wurden, auf dass die Götter besänftigt waren – der ist genau richtig in Chichén Itzá.

Also eigentlich jeder. Und tatsächlich kommen pro Jahr zwanzig Millionen Leute hierher. Die Zahl scheint schwer vorstellbar, wenn man sie liest. Und völlig untertrieben, wenn man am Ort selbst ist. Voller kann es nicht mehr werden. Nirgends. Nie. Oder doch: 2012, wenn am 21. Dezember die Welt untergeht. So prophezeit es bekanntlich der Kalender des geistig extrem hochstehenden Volkes, das hier einst gelebt, geschlachtet und gemordet hat, das Volk der Maya.

CHICHÉN ITZÁ

Wer also am 21. Dezember 2012 hier in Chichén Itzá steht oder sitzt oder liegt oder gerade plattgesessen oder zertrampelt wird, so lautet die Prophezeiung, der wird überleben. Natürlich nicht an diesem Ort selbst, überhaupt nicht in dieser Welt, die geht ja unter, aber irgendwo anders, wo es schön ist, weil dort bereits ganz viele tolle Mayas leben und auch schon wieder eine Tempelstadt errichtet haben und dem Kriegsgott in einer Pyramide huldigen und Opferrituale feiern, um alsbald in die nächsthöhere Welt aufzusteigen. Und so weiter.

Leider ist der Maya-Kalender ein wenig kryptisch und lediglich für Esoteriker einfach zu deuten. Experten tun sich schwerer mit dem Entziffern, speziell der Zahlen. Es kann auch sein, heißt es neuerdings, dass die Welt erst am 12. Dezember 2102 untergeht oder sogar erst 2210. Das wäre schade. Aber die Reihenfolge der Ziffern bleibt ein Problem. Vielleicht ist die Welt auch schon vor längerer Zeit untergegangen und nur noch virtuell existent. Die Welt der Maya jedenfalls ist versunken, und, wie ein besichtigender Berliner Politiker vor Ort feststellte, «das ist gut so».

PERU

MACHU PICCHU

Niemand weiß genau, warum die Inkas dieses Städtchen vor fünfhundert Jahren verließen. Möglicherweise wollte der angebetete Sonnengott ihnen partout nicht scheinen. Das tut er auch heute nur selten. Vielleicht kamen die Gebäude ihnen unpraktisch vor und die ewigen Treppen zu mühsam. Beides trifft zu. Damals flohen ein paar hundert Leute aus dem öden Ort. Heute besuchen ihn jedes Jahr mehrere Millionen und fragen sich, weshalb eigentlich. Hier sind die Gründe.

Warum man unbedingt hinmuss

Weil es in Peru liegt. Jeder hat mal von korrupten Ländern gehört. Hier ist der Prototyp. Man muss ihn erleben. Bislang haben alle Präsidenten Perus zuerst milliardenschwere Konten in der Schweiz angehäuft und sind dann winkend außer Landes gegangen. Bis heute gilt die Regel: Wer gewählt ist, darf das Volk schröpfen. Gern mit Hilfe seiner Familie und Freunde, die auch beteiligt sein wollen. Beamte müssen, bevor sie handeln, zünftig bestochen werden. Polizisten nehmen selbst bei Mord Ermittlungen erst auf, wenn sie mit Dollars motiviert werden. Auf der Straße stoppen sie lieber sexy Passantinnen, als den Straßenraub vor ihren Augen zu beachten. Das ist großzügig und hat Stil. Man nennt es *la vida loca*, das lockere peruanische Daseinsgefühl. Man muss es erlebt haben.

Weil Lima der Ausgangspunkt ist. Wer nach Machu Picchu will, wird in Lima zwischenlanden. Die Stadt ist mit sechs Millionen Desorientierten chronisch überfüllt und chaotisch. Gerade deshalb macht der Straßenverkehr Spaß. Taxis ohne Taxameter und bremsfreie Kleinbusse machen Jagd auf Fußgänger. Die Zebrastreifen heißen bei den Einheimischen Todesstreifen, weil Passanten sich dort besonders einfach erlegen lassen. Menschenopfer gehörten von jeher zu den peruanischen Riten. Leichen, Müll und Altöl werden in den Fluss Rimac entsorgt, in dem auch die Wäsche gewaschen wird. Weil Klospülungen nicht funktionieren, hinterlassen Bürger ihre Ausscheidungen an Straßenecken und Durchgängen. Die gelblichen Schwebstoffe belasten die Schleimhäute? Von den Einheimischen lernen und ausrotten.

Weil es so viele andere Dumme gibt. Der einstündige Flug von Lima bringt Touristen aus Amerika, Japan, England und Deutschland auf dreieinhalbtausend Meter nach Cuzco, ehemals Hauptstadt des Inkareiches. Hier werden sie genötigt, Mauern zu fotografieren, die von der Tourismusbehörde als «echt Inka» ausgegeben werden, und klobige Quadersteine, die als PR-Maßnahme zum «Sonnentempel» umgewidmet wurden. Ein nahes Tal ist vor einigen Jahren zum «Heiligen Tal» ausgerufen worden. Gewöhnliche Terrassen zum Gemüseanbau werden zu antiken Kultstätten hochgejubelt. Die zahlenden Besucher fotografieren. In der Höhenluft fällt ihnen mit dem Atmen auch das Denken schwerer. Und die Apathie der Bewohner steckt an.

MACHU PICCHU

Weil es Erinnerungen an Las Vegas weckt. Per Bahn geht es von Cuzco über Ollantaytambo in das Touristendorf Aguas Calientes unterhalb von Machu Picchu. Dorthin fahren rumpelige, überteuerte Backpackerzüge, rumpelige und noch teurere Vistadomezüge (mit zugestaubtem Panoramadach) und rumpelige, extrateure Luxuszüge, in denen Popmusik, Cocktails und indianische Ponchos angeboten werden. Aguas Calientes besteht aus Hotels, Spielkasinos, Fast-Food-Restaurants, Internetcafés, Bars und dem Machu-Picchu-Ticketbüro. Wer in Cuzco noch nicht sein Machu-Picchu-Shirt, den echten Archäologenhut und den originalen Inka-Goldschatz erworben hat, muss es hier tun, sonst können die Straßenverkäufer sehr ungemütlich werden.

Weil die Wirkung magisch ist. Für die Enttäuschung so vieler Machu-Picchu-Besucher hat die peruanische Tourismusbehörde eine Reihe von Gründen ermittelt. Erstens ist die Anlage live lange nicht so eindrucksvoll wie auf den überarbeiteten Prospektfotos. Sie wirkt beim Durchschreiten eher wie ein verlassenes Dorf englischer Minenarbeiter. Zweitens herrscht auf dem kleinen Hügel mit seinem Besucherstrom von zwei- bis dreitausend Touristen täglich eine Art Basargedränge. Drittens gibt es erheblich mehr Treppenstufen, als die Abbildungen ahnen lassen, nämlich ungefähr dreitausend. Eine Agentur hat den Guides deshalb werbewirksame Magie verordnet. Die Führer erklären jetzt, an diesem Tor aus Steinblöcken vibriere eine besondere Energie, aus jener Wand ströme heilsamer Magnetismus, aus der Brunnenmauer pure Lebenskraft. Wenn die Inkas schon davon gewusst hätten, wären sie womöglich geblieben.

MACHU PICCHU

So wird man lästige Mitreisende los

➤ Besonders anstrengend sind Mitreisende, die alles so ursprünglich wie möglich erleben wollen. Sie wettern gegen die Seilbahn, die von Aguas Calientes zum Machu Picchu hinaufgebaut werden soll. Da haken wir ein. Ja, Seilbahn ist ganz schlecht. Aber es ist auch nicht schön, mit dem Bus die Serpentinen zum Eingang der Anlage hinaufzufahren. «Die Inkas sind auch selten Bus gefahren», erklären wir unserem authentischen Nachbarn. «Sie sind die acht Kilometer hinaufgewandert. Das soll ein ganz eigenes wunderschönes Erlebnis sein. Ich bin nur zu schwach dazu.» Das lässt sich der Ursprünglichkeitsfan nicht zweimal sagen.

➤ Sogenannte indigene (vornehmlich für «eingeborene») Völker ziehen Mystiker an. Besonders alternde Esoteriker hoffen, von den geheimnisvollen Kraftströmen in Sonnen- und Mondtempeln zu profitieren. Zum Glück wissen wir genau, wie das geht. Tante Friederike schwärmt vom verborgenen Wissen der Indianer? Bitte sehr: «Nach dem Glauben der Inkas lebt lange und glücklich, wer alle Stufen der Machu-Picchu-Zitadelle einmal abgeschritten hat. Los! Wir treffen uns am Ende wieder hier!» Das kann Stunden dauern. Dreitausend Stufen unterschiedlicher Höhe fördern obendrein nachhaltige Verstauchung und Aduktorenzerrung. Das war schon bei den Inkas so.

➤ Fotografen auf der Suche nach der besten Perspektive sind Spaßbremsen. Doch Sonnengott Inti sei Dank: Wir wissen, wo die besten Aufnahmen gelingen. «Den schönsten Blick hat man vom Huayna Picchu», erzählen wir. Das ist der zuckerhutförmige Berg hinter der Anlage. Der Aufstieg ist möglich, aber beschwerlich. «Andere schwören auf den Blick vom Putucusi.» Das ist der schmale hohe Felsen gegenüber. Er ist über einen Weg mit Holzleitern zu erreichen und bietet tatsächlich einen großartigen Überblick. «Aber mir fehlt der Mumm», fügen wir hinzu, damit unser Fotograf im Gefühl besonderer Verwegenheit allein aufbricht.

≫→ Echtheitsfanatiker, die bereits in Cuzco unangenehm auffallen, weisen wir auf den absolut authentischen Weg hin: auf den Inka-Pfad (*Camino Inca*), der als einziger durch das total ursprüngliche Sonnentor führt. Den längsten Teil der Strecke müssen die Wanderer neben der Bahnlinie hergehen oder von Schwelle zu Schwelle hüpfen. Das verraten wir besser nicht. Dass die Siebzig-Kilometer-Tour vier Tage dauert, braucht auch nicht an die große Glocke gehängt zu werden. Wir trinken unterdessen unseren Pisco Sour und sättigen uns am Büfett des Hotels Machu Picchu Santuary Lodge am Eingang des Inka-Bezirkes.

Typisch Machu Picchu

Gerüche. Den wenigsten Touristen wird erzählt, dass es in der gesamten Anlage keine Toiletten gibt. Jedenfalls keine offiziellen. Die inoffiziellen hingegen sind überall, wo eine Mauer ein bisschen Sichtschutz gewährt. Bei Wärme liegt über den Ruinen deshalb ein subtiler biologischer Duft. Viele Touristen entdecken erst nach der Rückkehr beim Betrachten ihrer Videos, dass sie ungewollt etliche hockende oder in eine Ecke sich drückende Leidensgenossen aufgenommen haben.

Moskitos. Auch davor hat niemand gewarnt. Erst beim Anblick des dick eingemummelten Führers schöpfen argwöhnische Besucher Verdacht. Erst recht, wenn er sich Handschuhe überstreift. In der Höhenluft hat sich eine verblüffend hartnäckige Gattung von Moskitos durchgesetzt. Sie gedeihen im Nebelwald und fühlen sich von den aufbauenden Kräften im Blut der Touristen angezogen. Sie nutzen jeden Flecken unbedeckter Haut. Die roten Punkte bleiben etliche Tage, die übertragenen Bakterien mitunter viele Jahre.

Steinewerfer. Wer in Zug und Bus unterwegs ist, ist einigermaßen geschützt. Backpacker hingegen, Mountainbiker und alle, die das Land möglichst naturnah erkunden möchten, tragen höchstwahrscheinlich Blessuren davon. Kinder und Halbwüchsige werfen in einsamen Gegenden rund um Machu Picchu bevorzugt mit Steinen auf ausländisch wirkende Wanderer. An Serpentinenwegen treten sie gern einen kleinen Erdrutsch los. Das ist echt und authentisch. Die Nachfahren der Inka haben sich ihren ursprünglichen Fremdenhass unverfälscht bewahrt.

Unverdauliche Landesspezialitäten

Die ehemalige Arme-Leute-Speise *Causa rellena* wird arglosen Touristen als Spezialität aufgenötigt. Gestampfte Süßkartoffeln sind wie Lasagne mit Fisch oder Hähnchen geschichtet, deren Aroma zuweilen ebenfalls ins Süße übergeht. Um den *Haut goût* zu überlagern, werden gehäckselte Chilischoten zugemischt.

Bei den *Ceviche* wird der sehr spezielle Geschmack abgelagerter roher Fische von reichlich Chilis, Zitronensaft und roten Zwiebeln übertönt. Zum Neutralisieren gibt es das nationale Verdauungsproblem Mais.

Cuy chactado wird im ganzen Stück serviert. Am Kopf erkennen auch Uneingeweihte, dass es sich um gebratenes Meerschweinchen handelt. Es schmeckt wie Hähnchen mit extra vielen Knochen. Dieses Gericht lässt sich in Deutschland am leichtesten nachkochen.

Das reicht für das Expertengespräch

Vor hundert Jahren wurden die Inka-Ruinen von einem Team um den amerikanischen Archäologen Hiram Bingham freigelegt. Das Magazin *National Geographic* widmete der Entdeckung 1913 eine eigene Ausgabe. Seither wächst der Tourismus. Der peruanische Autor Mario Vargas Llosa hat darauf hingewiesen, dass sich ein Abend unschwer mit Vermutungen darüber füllen lässt, warum die Inkas die Anlage verließen und ob sie überhaupt je bewohnt war. Möglicherweise machte das Auftauchen des Spaniers Francisco Pizarro die Einweihung der Kultstätten überflüssig. Er wurde für den Gott gehalten, der mit Menschenopfern und umständlichen Ritualen beschworen worden war. Endlich war er da!

Das meinen Kenner

«Wer eine Weile durch dieses Land reist, wird verstehen, warum Pizarro irgendwann die Geduld verlieren musste.»
  – JOHANN JAKOB VON TSCHUDI,
    FORSCHUNGSREISENDER

«Nichts ist enttäuschender, als nach Schätzen zu suchen und nur alte Steine zu finden.»
  – HIRAM BINGHAM, ARCHÄOLOGE

«Je weniger man von den Inkas weiß, desto bedeutender kommt einem die Kultur vor. Wer sich die Illusion erhalten will, sollte sich nicht darein vertiefen.»
  – CÉSAR VALLEJO, AUTOR

MACHU PICCHU

BRASILIEN

RIO DE JANEIRO

Gewiss, Rio ist zugebaut bis in das letzte Zipfelchen der allerletzten Bucht, aber immer noch eine der schönsten Städte der Welt. Das Wasser ist nicht mehr sauber, aber das liegt nur an den illegalen Einleitungen und ändert nichts daran, dass die Strände von Ipanema und die Copacabana immer noch zu den Traumstränden zählen, solange man nicht ins Wasser geht.

Und es ist auch richtig, dass die Luft das Atmen gelegentlich schwer macht, besonders in der warmen Jahreszeit, den europäischen Wintermonaten. Aber das liegt nur an den vielen Autos, die hier keiner Überprüfung unterworfen werden und keine Abgasnorm erfüllen müssen. Brasilien ist kein Land der Normen, sondern hat sich einen Rest spontaner Ursprünglichkeit bewahrt.

Deshalb hat man allerdings vom *Corcovado*, dem Berg mit der Jesus-Statue, einst das Wahrzeichen, keinen Blick mehr auf die Stadt. Aber nun muss man auch nicht mehr hochfahren! Als Alternative bleibt immer noch der *Pão de Açúcar*, der Zuckerhut, der niedrige Berg mitten zwischen Buchten und Hochhäusern. Abends kann man von hier an den Lichtern ungefähr erkennen, wo die Stadt liegt.

Die Menschen sind freundlich. Sie singen und tanzen gern.

Kleine Combos grasen die Lokale ab, meist mit einer winzigen Gitarre und einigen nervtötenden Rhythmusinstrumenten, welche die Gäste zum sofortigen Herausgeben aller Barschaften nötigen.

Und hier sind wir bei einem ernsten Thema. Leider wird im Zusammenhang mit dieser großartigen Stadt immer wieder von Kriminalität berichtet. Natürlich nicht völlig zu Unrecht. Durchschnittlich zehn Menschen pro Tag werden erschossen, etwa doppelt so viele werden erstochen, aber nicht einmal ein Drittel davon sind Touristen. Wenn Reisende sich aus den von Drogengangs beherrschten Slums heraushalten, hier Favelas genannt, und ein paar Vorsichtsmaßnahmen beachten, kann nichts passieren. Oder kaum etwas. Oder nur manchmal. Nicht immerzu. Mit den folgenden Hinweisen kann der Aufenthalt in Rio sogar zum reinen Genuss werden.

≫→ Es gibt viel Armut in Brasilien. Wer etwas spenden will, tut das aber am besten nicht vor Ort. Sonst findet er auf Anhieb sehr viele Freunde, die ihn nicht wieder gehen lassen wollen.

≫→ In den öffentlichen Verkehrsmitteln bitte keine neuwertigen Markenturnschuhe tragen (Adidas, Puma, Reebok, Nike). Es gibt viele Menschen im Bus, die diese Markenschuhe gerne haben möchten. Falls so ein Wunsch geäußert wird, die Schuhe ohne langes Herumnesteln ausziehen und hergeben. Auch die anderen Markensachen. Und das Geld. Dann passiert nichts! Den Busfahrer fragen, wo der nächste Nacktbadestrand ist.

≫→ Wenn am helllichten Tag auf der Straße jemand verprügelt oder erstochen wird, bitte nicht anhalten und nach dem Grund erkundigen. Die meisten hier können kein Englisch.

≫→ Keine Kirchen besichtigen. Erstens lohnt sich das nicht. Und zweitens halten sich in den Kirchen Personen auf, die auf Touristen warten, die Kirchen besichtigen wollen.

≫→ Keinen echten Schmuck tragen. Die vielen Frauen mit blutendem Riss im Ohrläppchen sind Touristinnen, die sich nicht ausreichend informiert hatten.

⟫→ Falschen Schmuck immer so tragen, dass er von Vorübergehenden leicht vom Armgelenk oder vom Hals gerissen werden kann. Sonst kommt es zu unnötigen Komplikationen.

⟫→ Kreditkarten und Geld gehören in den Hotelsafe. Und zwar eines Hotels in Nordamerika oder Mitteleuropa.

⟫→ Die Adresse der deutschen Botschaft und den Fluchtweg zum Flughafen bitte schon vor der Abreise in den Arm eintätowieren. Am besten in beide. Und ins Bein. Man kann nie wissen, was dran bleibt.

ASIEN

PEKING

Besucher aus dem Westen staunen oft, dass in Peking auch bei Tag der Vollmond zu sehen ist. Beharrlich zieht er als runde Silberscheibe über den Himmel und nimmt nicht ab. Woran liegt das? Daran, dass China auf der anderen Seite des Globus liegt? Nein, an der Luftverschmutzung. Es handelt sich nicht um den Mond, sondern um die Sonne. Sie wirkt nur so bleich, weil sie nicht besser durch die Schwebstoffe dringt. Schwelende Kohlenflöze nördlich von Peking blasen wöchentlich so viel Kohlenstoffdioxid in die Luft wie der gesamte mitteleuropäische Straßenverkehr in einem Jahr. Dazu furzt eine Milliarde chinesische Schweine süßsauer und im Alleingang genauso viel Methan in die Atmosphäre wie der Rest des weltweiten Haustierbestandes. An manchen Tagen bringt das schweflige Licht ahnungslose Fremde sogar auf die Idee, die Chinesen seien gelb. Andere Besucher meinen, man solle sich die Sehenswürdigkeiten ansehen, solange sie überhaupt noch zu sehen seien. Das ist unnötig. Zwar war es eine tolle Marketing-Idee, eine ranzige Burganlage als *Verbotene Stadt* auszugeben, eine ermüdende Wehranlage als *Große Mauer* und eine windige Aufmarschfläche als *Platz des Himmlischen Friedens.* All das klingt verlockend. Doch es verhält sich damit so ähnlich, wie wenn man beim Chinesen den Teller der Sieben Köstlichkeiten bestellt. Auf sieben kommt man bei näherem Hinsehen, auf Köstlichkeiten bestimmt nicht.

Die Palette der sieben Scheußlichkeiten

Verbotene Stadt. Diese festungsartige Anlage war keineswegs verbotener als irgendein anderer Palast oder Regierungssitz der Welt und niemals so verboten wie jetzt das Weiße Haus. Es durfte ganz einfach nicht jeder unaufgefordert reinmarschieren. Der mystifizierende Name hat sich jedoch als hilfreich erwiesen für das trübsinnige Ensemble von Bauten. Lediglich vom Hügel dahinter ist die Anlage sehenswert, wenn die Vielzahl der Pagodendächer daraus hervorragt. Wer hingegen innerhalb der Ummauerung unterwegs ist, gewinnt den Eindruck, China brauche keinesfalls noch ein drittes Disneyland (das erste befindet sich in Hongkong, das zweite bei Shanghai). Dies hier reicht. Zwar ist das Areal fast einen Kilometer lang und über siebenhundert Meter breit, doch fünfzig Millionen ausländische Besucher pro Jahr füllen es mühelos, belegen jeden Bau, jeden Hof, jeden Gang, jedes «Halle der Harmonie» genannte Klo. Angeblich gibt es neunhundert Gebäude, doch da müssen Besenkammern und Schuhschränke mitgezählt worden sein. Die Erläuterungen des Fremdenführers, welche Hofschranze unter welchem Dach nistete, langweilen schnell. Vollends einschläfernd ist der vorgeschriebene Besuch des Palastmuseums mit einer endlosen Folge von Tuschezeichnungen, Wandbehängen, Kalligraphien, Emaille, Lack und Jade. Die Phantasie wird allenfalls angeregt vom Thronsaal und von den Wohnungen der auserwählten Frauen. Sie erhängten sich, wenn ihr Gebieter gestorben war (bei manchen war Hilfestellung nötig) – ein Brauch, der auf Chinas Weg zurück zur Ursprünglichkeit wieder eingeführt werden soll.

Platz des Himmlischen Friedens. Auf diesem Platz vor dem südlichen Palasttor parkten einst Jim und Lukas arglos ihre Lokomotive, um mit dem Kaiser von China zu sprechen. Heute sind Lokomotiven und private Fahrzeuge nicht mehr willkommen, nur Panzer. Der windgefegte *Tian An Men*, zwei Kilometer lang, anderthalb Kilometer breit, gilt als größter gepflasterter Truppenübungsplatz der Welt. Er ist außerdem Ort der weltweit größten rund um die Uhr aufrechterhaltenen Versammlung geheimer Staatspolizisten. Sie fallen durch extreme Unauffälligkeit auf. Von einem ungetarnten Sonderkommando bewacht wird hingegen das klotzige *Mao-Mausoleum*: die Gedenkhalle für einen der bedeutendsten Massenmörder des vergangenen Jahrhunderts. Die perfekte Nachbildung seines Leichnams in Wachs wird besuchenden Provinzlern als Beweis heiliger Unverweslichkeit verkauft. Es gibt auf dem Platz außerdem noch eine Säule zum Gedenken an die erfolgreichsten Heckenschützen der Revolution und links und rechts flankierend je ein Geschichtsmuseum (Eintritt Pflicht) und eine Halle des Volkes (Eintritt verboten). Man kann sich auf dem Platz fotografieren lassen und Souvenirs kaufen: Mützen, T-Shirts, Anhänger, Modellautos, Olympia-Maskottchen, Aquarelle auf Reispapier und Ohrenschützer gegen das Geleier der Fremdenführer.

Große Mauer. Um 1905 besuchte einer der ersten amerikanischen Touristen die große Mauer: Seth Wheeler, der Erfinder der Klopapierrolle und weiterer hundert Volltreffer. In Amerika war Wheeler zunächst verspottet worden und hatte geantwortet: «Für die einen ist es eine Rolle Klopapier, für die anderen die wohl längste Papierserviette der Welt.» Als er das Land der Papiererfindung besuchte, führte man ihn auch an die Mauer. Wheelers Kommentar: «Für die einen mag es ein Bauwunder sein, für die anderen der wohl längste Wachturm der Welt.» Hört sich nach Selbstzitat an, trifft aber die Sache: Die Mauer ist ein auf sechstausend Kilometer ausgewalzter Wehrgang. Dass beim Bau mehr als eine Million Sträflinge und Sklavenarbeiter starb, macht sie in chinesischen Augen zum Superding. Einer der gruseligsten

Abschnitte – siebzig Kilometer nördlich von Peking bei Badaling – gehört zwingend zum Touristenprogramm. Hier werden die Fotos gemacht. Etwas östlich bei Mutianyu gibt es noch ein weiteres zur Besichtigung freigegebenes Stück; hier fällt der Massenansturm etwas geringer aus. Bei Simatai, schon hundertzwanzig Kilometer vor Peking, ist es ruhiger und die Aussicht am besten. Das Gehen auf der Mauer ist in jedem Fall mühsam, an ebenen Abschnitten wegen des Gedränges, an steilen wegen des alpinen Gefälles. Am Fuß der Mauer ist Vorankommen unmöglich: wegen der unzähligen Verkaufsstände und fliegenden Souvenirhändler. «Wir waren auf der chinesischen Mauer!» Toll! Einen anderen Grund, sich diesen Tort anzutun, gibt es nicht.

Ming-Gräber. Die Mauer gilt als Chinas größtes und längstes Massengrab. Edlere und kürzere Einzelgräber finden sich auf dem Weg dorthin: Eine Busstunde nördlich von Peking genießen Kaisergräber in einem waldigen Tal den Schutz der Unesco. Die dreizehn Mausoleen (chinesisch *Shisanling*) enthalten den noblen Moder der Ming-Dynastie. Ming? Genau. Das waren die mit dem Porzellan und den Vasen. Wenn am Anfang eines Krimis erwähnt wird, dass diese zerbrechliche Ming-Vase im Haus des Millionärs auf keinen Fall kaputtgehen darf, wird sie wenig später auf dem Kopf eines Schurken zerschmettert. Solche Vasen und weitere nützliche Grabbeigaben fand man beim Durchwühlen ausgewählter Grüfte. Gleich hinterm Tor des Gräberfeldes sind entlang einer Allee auch noch steinerne Gartenzwerge der Ming-Zeit zu bestaunen: Beamte, Kamele, Elefanten, Würdenträger, Pferde, Löwen, Fabeltiere, Generäle. Die Terrakotta-Armee befindet sich übrigens entgegen den Mutmaßungen Mitreisender keineswegs hier, sondern ein paar hundert Kilometer entfernt. Oder sie ist auf Tournee. Aber man kann Nachbildungen an jedem Ort kaufen, an dem man aus dem Bus steigt.

Sommerpalast. Weil es in Peking entweder sehr heiß ist (bis vierzig Grad plus) oder sehr kalt (bis vierzig Grad minus) und weil es in der übrigen Zeit meistens regnet, verließen die Herrscher den Palast durch die Hintertür («das Nordtor»), um den angenehmeren Teil ihrer Zeit im Hügelland zu verbringen. Die dort errichtete Residenz wurde *Yiheyuan* genannt, wörtlich: «Garten des harmonischen Zeitvertreibs». Der erste Sommerpalast, vor dreihundert Jahren errichtet, diente dem Vergnügen des Kaisers unter anderem durch die intensive Folterung englischer und französischer Gesandter. Unharmonische anglofranzösische Truppen rückten daraufhin zur Einäscherung des Palastes an. Der zweite Palast, aus den Ruinen des ersten erstanden, schloss einen künstlichen See ein, auf dem die Kaiserinwitwe Marineübungen beizuwohnen wünschte. Sie beobachtete die Gefechte von der Reling eines eigens erbauten Schiffes aus, das seeuntüchtig blieb, weil es aus Marmor errichtet wurde. Heute tuckern Touristen in Drachenbooten übers Wasser, fotografieren geschwungene Brücken und Teepavillons und fühlen sich an englische und deutsche Parks erinnert, deren Schöpfer und Schüler hier tatsächlich tätig waren. Wörlitz, Branitz, Muskau standen Pate. Lediglich die chinesischen Mücken sind überzeugender.

Himmelstempel. Wenn der Himmelstempel auf dem Programm steht, weiß der informierte Gast: Es geht zu Ende mit den Sehenswürdigkeiten in und um Peking. Und doch wachen müde Touristen noch einmal kurz auf, wenn der *Tiantan* ins Blickfeld gerät. Den kennen sie doch irgendwoher? Diesen dicken Turm mit dem dreistufigen Dach und den Terrassen davor? Richtig, er ist auf den Reiseführern abgebildet. Endlich lassen sich mal Foto und Original vergleichen! Tatsächlich ist das schon das beste Argument, den Tempel zu besuchen. Unkundige Wanderer gehen an dem hölzernen Rundbau vorbei, weil sie ihn für ein schäbiges Getreidesilo

PEKING

halten. Betagte Speicher sehen in China so aus, und in diesem Himmelssilo wurden wahrhaftig Ernteerträge gelagert. Vor allem jedoch wurde hier um gute Ernte gebetet, einmal im Jahr von den Kaisern persönlich. Besonders von denen der Ming-Dynastie und den Opiumkaisern der Qing-Dynastie. Diese beiden Herrscherhäuser teilten sich die sechshundert Jahre vor Mao. Heute spendet man im Himmelstempel eine überflüssige Münze, um dafür zum Lohn Segen und Reichtum zu erwarten. Immer wieder sehenswert an der umgebenen Rundmauer: Touristen, die ins Gestein flüstern. Es gibt hier denselben Effekt, der überall auf der Welt in Echo-Galerien und Flüsterbögen vorgeführt wird: Was an einer Stelle leise in eine Rundung oder Kuppel gesprochen wird, kann gegenüber mit etwas Mühe gehört werden. Für viele ist das der unbestreitbare Höhepunkt der China-Reise.

Lamatempel. *Yonghe Gong* heißt dieser Tempel, was gewohnt schönfärberisch «Palast der ewigen Harmonie» heißt. Es ist ein tibetisch-buddhistischer Tempel, dem immerhin zweihundert Jahre Harmonie beschieden waren, bevor die Mönche zu Schmarotzern und Blutsaugern erklärt und verjagt wurden. Das ist mittlerweile auch schon wieder fünfzig Jahre her, und inzwischen finden junge Chinesen es cool, alte Gebetsmühlen zu drehen, sich vor lackierten Buddhas zu verneigen (es gibt welche für Gesundheit, Reichtum, Liebesleben, Weisheit, günstige Reinkarnation, Karriere, Lottoglück und gute Verdauung), demütig zu knien und dabei Bündel von Räucherstäbchen zu verkokeln. Der Tempel ist von außen weniger an seinen geschwungenen Dächern zu erkennen als an der heiligen Rauchwolke darüber. Kultfigur der Anlage ist ein gut zwanzig Meter hoher Buddha, der aus einem einzigen Baumstamm geschnitzt wurde. Der spezielle Sandelholzstamm musste im Winter hundert Kilometer über vereiste Wege gezogen werden, was nicht ohne tödliche Unfälle abging. Alle Umgekom-

PEKING

menen sollen aber extrem vorteilhaft wieder inkarniert worden sein. Insider-Tipp: Das gilt für alle, die hier ihr Leben lassen.

So wird man lästige Mitreisende los

➤➤➤ **In Bus und U-Bahn**. Mutige Mitreisende werden wir los, indem wir ihnen gestehen, dass wir uns partout nicht allein ohne Reiseleiter lostrauen in diesem großen fremden Dschungel von Stadt. Huh, schauder! Na, dann gehen sie eben allein! Sobald sie aufgebrochen sind, unternehmen wir eine gemütliche Rikscha-Tour durch die Altstadt, die zuverlässig dort wieder endet, wo sie angefangen hat. Unsere Mutigen kommen unterdessen mit Bus und U-Bahn voran. Das ist etwas billiger, geht aber viel schneller, und noch schneller ist unklar, wo man sich eigentlich befindet. Fahrpläne und Schilder beharren trotzköpfig auf chinesischer Schreibweise. Die Einheimischen sprechen sehr gern mit Fremden, allerdings ebenfalls ausschließlich auf Chinesisch. Selbst Taxifahrer können mit Englisch absolut nichts anfangen. Es wird geraten, Zettel mit der eigenen Hoteladresse bei sich zu führen, natürlich in chinesischen Schriftzeichen. In letzter Zeit führte das immerhin dazu, dass hilfsbereite Passanten den Zettelinhabern den Weg zeigten. Nur leider nicht zum Hotel, sondern zu ihrer eigenen privaten Unterkunft, die für wesentlich weniger Dollars zu haben sei. Viele mutige Mitreisende mussten in ihrer Not damit vorliebnehmen. Es wird geschätzt, dass etwa dreißig Prozent der Menschen, die illegal in Peking leben, aus mutigen Überresten längst abgereister Touristengruppen bestehen.

➤➤➤ **In der Peking-Oper**. Dieses großartige Erlebnis (so behaupten wir) ist geeignet für alle, die Peking ganz authentisch erleben wollen. Unsere Freunde des Ursprünglichen begleiten uns also nicht zur touristischen Akrobatikshow und schon gar nicht in die Karaoke-Bar. Sie erwerben ein echtes Ticket für die echte Peking-Oper und beileibe nicht für die einstündige Feriengästeversion, sondern für die originale Chinesen-Vorstellung. Die dauert drei bis vier Stunden und ist gänzlich frei von Handlung. Was erzählt wird, hat aller Wahrscheinlichkeit nach mit Kaisern, Prinzessinnen, Jünglingen, Ministern, Soldaten, Göttern, Geistern und Drachen zu tun. Durchschaubar ist es nicht mal ansatzweise. Masken und Bemalungen sind bestimmt total wichtig, und die Gesten und Haltungen der Darsteller müssen auch was Geheimes bedeuten. Auf jeden Fall. Aber was? Völlig unklar. Lässt sich so eine Aufführung wenigstens zum Schlafen nutzen? Nicht mal das! Den gesegneten Schlummer verhindert die chronisch quengelnde und sägende Musik. Von zehn Reisenden, die aus China mit einem Hörsturz heimkehren, haben ihn laut Statistik nur zwei auf dem Flug erlitten, acht hingegen während oder im Anschluss an eine Vorstellung der Peking-Oper.

⫸ **Beim schlafenden Buddha.** Für spirituell fortgeschrittene Menschen bietet Peking einige Überraschungen. Die Gebäude strotzen nur so von ungünstigen Spitzen, scharfen Ecken, bedrohlichen Kanten und fiesen rechten Winkeln. Feng Shui muss hier erst noch eingeführt werden, ebenso wie Zen, Qi Gong, taoistische Weisheit und das I Ging. Soll ja angeblich alles von hier kommen. Aber selbst der Tempel des von Mao noch akzeptierten Kung Fu Tse alias Konfuzius fristet ein Schattendasein und wirkt ungefegt und nie benutzt. Unsere esoterischen Freunde benötigen Trost. Den können wir bieten. Wir raten ihnen, den berühmten schlafenden Buddha aufzusuchen – «mitten in einem Pfirsichgarten». Es gibt einige schlafende oder liegende Buddhas in China, die berühmtesten allerdings befinden sich in Thailand, aber dieser hier tut es auch. Selbst wenn unsere spirituell Fortgeschrittenen hinfinden (dank Foto plus Zettel vom Hotelportier), es wird lange dauern, bis sie zurückkehren. Sehr lange. Die Stille, die sie beim liegenden Buddha aufgesogen haben oder auch nicht (denn auch dort wird viel geschnattert und mit Räucherstäbchen gewedelt), diese Stille hat sich bis zur Rückkehr und vielleicht sogar für alle Zeit verflüchtigt.

Typisch Peking

Regen. Es regnet in Peking selten im Hochsommer und schon gar nicht in den winddurchfegten Eismonaten, sondern in den angenehm temperierten Zwischenjahreszeiten, wenn die Reisegruppen aus dem Westen eintreffen. Die Kanalisation, wo es sie gibt, funktioniert nicht; für Abflüsse ist in den Straßen kaum gesorgt. So kommt es blitzschnell zu seenartig überfluteten Kreuzungen und zu Gischtwogen bei jedem vorbeifahrenden Auto. Einen Schirm braucht kein Tourist mitzubringen. Alle Straßenhändler verkaufen *Umbrellas*, die ungefähr einen Regen lang halten. Aber häufig ist es gar kein Regen, was unvoreingenommene Reisende benässt. Es ist Spucke. Vor der Olympiade leierte die Regierung eine Kampagne gegen das Spucken an. Seither wird wieder gerotzt, was die Schleimdrüsen hergeben. Ausspucken gilt als gesund, besonders in der Öffentlichkeit. Hochziehen und Kotzgeräusche gehören dazu. Der greise Volksheld Deng Xiaoping ließ stets einen schüsselgroßen Spucknapf neben sich hertragen und reinigte sich ohrenbetäubend. Weil Sekrete und Schleimbrocken gut sichtbar ausgeworfen werden müssen und weil lärmendes Niesen und feuchtes Rülpsen ebenfalls als Zeichen starker Konstitution gelten, bleibt Peking die

Welthauptstadt der Atemwegserkrankungen. Nirgends verbreitet sich Ansteckendes schneller als hier. Lediglich im Auto auszuspucken gilt als unfein. Fahrer und Gäste kurbeln deshalb die Fenster herunter. Aus diesem Grund regnet es in Peking ungewöhnlich oft von der Seite.

Fakes. Kopieren gilt in China als eigene Kunstform. Nachgeahmte Antiquitäten von echten zu unterscheiden gelingt selbst Fachleuten nicht immer. Bei Textilien ist das anders. Für chinesische Schneider ist das täuschend echte Imitieren von Markenware eine bedeutende Einnahmequelle. Reisegruppen müssen bei der Heimkehr unglücklicherweise mit deutschen Zollbeamten rechnen, die sich auf Fernost spezialisiert haben und beim Öffnen des Koffers nicht glauben mögen, dass all diese Klamotten und Accessoires tatsächlich von Armani, Chanel und Dior sind. Auch die Monets, van Goghs und Rembrandts gehen nicht mehr einfach so durch, es sei denn, auf der Bildfläche ist an sichtbarer Stelle die Werkstatt des chinesischen Kopisten eingeritzt. Es ist ein Jammer. Denn gute Fakes zu entdecken und um fünfzig bis siebzig Prozent herunterzuhandeln macht Spaß und erleichtert das kommende Weihnachtsfest. Was an Mitbringseln bleibt, sind falsche Edelsteine und falsche Perlen (zollrechtlich unbedenklich), nicht funktionierende Feuerzeuge, die die chinesische Nationalhymne spielen, und garantiert echte Vogelgrippe-Viren von einem der zahlreichen Geflügelmärkte.

Unverdauliche Landesspezialitäten

Eilige Reisende begeben sich in eines der dreißig McDonald's in Peking und deuten auf das Foto mit ihrem Lieblingsburger.

Bestellung fertig. Aber das ist feige. Genauso feige ist ein Besuch der deutschen Bäckerei im German Center. Oder gar das mit gestressten Touristen überfüllte Paulaner Brauhaus im Kempinski mit Schweinebraten, Bratwurst und Weißbier. Wer landestypisch speisen möchte, lernt als Erstes die einfache Regel: Alles, was fliegt und kein Flugzeug ist, alles, was schwimmt und kein Boot ist, alles, was Beine hat und kein Möbelstück ist, kann gegessen werden. Diese überzeugende Zutatenliste macht die chinesische Küche so vielfältig. Hunde, Katzen und Ratten werden nach Auskunft der Reiseleiter nur auf dem Land verzehrt – und von denjenigen, die vom Land nach Peking gekommen sind. Gebratene Mäuse, Maden am Spieß, Heuschrecken und Skorpione zählen hingegen auch bei Städtern zu den Delikatessen. Wer sich in ein touristenfreies chinesisches Restaurant wagt, wird sich vielleicht sicherheitshalber auf den Reis plus Jasmintee beschränken oder auf das heiße Wasser mit den glibschigen Klößen. Die *Dun* genannten Eintöpfe bestehen angeblich aus Kartoffeln, Bohnen und Speck, aber sie schmecken anders. Rührei mit Tomaten oder Nudeltaschen mit unenträtselbarer Füllung scheinen unverdächtig, aber in die Experimentierlust mischt sich stets ein leises Unbehagen. Das liegt vielleicht auch daran, dass in echten chinesischen Restaurants vernehmbar geschmatzt wird und auch Rülpsen als Kundtun des Genusses gewertet wird. Üben schadet nicht. Lediglich die berühmten «Darmwinde der ewigen Harmonie» sollen vor der Tür abgehen.

Das reicht für das Expertengespräch

Die Experten wissen es längst: Beijing bitte, nicht Peking. Mao Zedong, nicht Mao Tse-tung. Daudedsching, nicht Tao Te King. Und gefälligst nicht einfach China, sondern «Zhōnghuá Rénmín Gònghéguó». Klingt doch gleich viel authentischer! Gewöhnlich bleibt von der Reise allerdings nur «Ni Hao» übrig, was «Guten Tag» heißt, wenn man es richtig ausspricht, und eine Fülle von Beschimpfungen enthält, wenn die Tonhöhe nicht richtig getroffen wird. «Aber wir sind damit auch in entlegenen Bezirken immer glänzend durchgekommen», zeigt den souveränen Weltreisenden. «Die Leute waren dankbar, wir wurden angestarrt wie Weltwunder!» Tatsächlich werden Westler immer noch angestaunt und gelten als *Langnasen*, westliche Männer übrigens keineswegs als *Langschwänze,* im Gegenteil. Wechseln wir lieber zur Archäologie: «Den Peking-Menschen gab es ja bereits vor siebenhunderttausend Jahren» zeugt von tiefgreifenden Kenntnissen. Nur mit den Dynastien hapert es immer. Qin, Han, Jin, Yuan, Ming oder in anderer Reihenfolge? Man muss das nicht wissen, höchstens, dass die letzte Herrscherreihe, die Qing-Dynastie, aus der Mongolei kam. Es handelte sich, samt dem letzten Kaiser, um eine Fremdherrschaft. Den besten Einstieg in eine sorgenvoll engagierte Debatte, an der alle fachkundig teilnehmen können, eröffnen eine Erwähnung Tibets, eine Prognose der Luftverschmutzung bei fortgesetzter Motorisierung, der wachsende Energiehunger und der rüde Kapitalismus, den die Kommunistische Partei propagiert. Damit können mühelos mehrere Abende bestritten werden, die neblig-trüben Fotos im Hintergrund («Es war immer so dunstig») gehen als authentische Untermalung durch.

Das meinen Kenner

«Wer sich einmal von allen unverstanden fühlen möchte, ist in China genau richtig.»
  – TIZIANO TERZANI, AUTOR

«Keiner meiner Landsleute wird hundert Jahre. Doch Sorgen hegt jeder für tausend. Frieden findet hier nur, wem das Unkraut durch den Schädel sprießt.»
  – HAN SHAN, DICHTER

«Sehr, sehr liebe Menschen, tolle Fans.»
  – BRITNEY SPEARS, MUSIKERIN

SEIDENSTRASSE

Verschiedene Staaten zwischen China und Syrien behaupten, die Seidenstraße liefe durch ihre Region. Völlig verkehrt ist das nicht, denn der alte Karawanenweg hat viele Verzweigungen. Doch die Hauptroute mit den klingenden Namen wie Buchara und Samarkand hat nur ein einziges Land zum Touristenziel machen können: Usbekistan. Wer eine Reise dorthin bucht, weiß meist nicht genau, wo es liegt. Wer zurückkommt, will es nicht mehr wissen. Einige Experten orten Usbekistan in Mittelasien, andere in Zentralasien, was sich abenteuerlicher anhört. Auf jeden Fall war diese Provinz eine der vielen Teile der Sowjetunion. Im Osten folgt das Pamirgebirge, dann bald schon China. Im Süden liegt Afghanistan, im Norden Kasachstan, im Westen Turkmenistan. Klingt nach einem der trübsinnigeren Werke von Karl May und ist auch so ähnlich.

Was man auslassen kann

Bis man die Seidenstraße unter den Reifen spürt, hält man sie für etwas Magisches, Buntes, Pulsierendes, sinnlich Schmeichelndes, gesäumt von Kameltreibern, Schlangenbeschwörern, Märchenerzählern. Und dann ist es nur eine staubige Piste durch salzige Wüsten. Sie ist so spärlich befahren, dass die Soldaten an den Straßensperren dankbar sind für jedes Fahrzeug, das am Horizont auftaucht, selbst wenn es keine Drogen enthält. Die Trasse ist das Gegenteil von seidig. Schlaglöcher sind so eng gesät, dass sich die Lebensdauer menschlicher Bandscheiben laut Statistik pro Stunde Busfahrt um ein Jahr verkürzt. Und anders als mit Bus oder Jeep kommt man nicht voran. Und man will voran. Weil man weg will von dem Ort, den man gerade gesehen hat.

Taschkent. Die Hauptstadt verfügt über einen internationalen Flughafen. Deshalb kommt jeder hier an und ist von der Tourismusbehörde zur Besichtigung verdonnert. Die Zwei-Millionen-Plattenbausiedlung verfügt über eine undichte Kanalisation und vielfach angezapfte überirdische Gasleitungen. Es gibt etliche windige Plätze, auf Effekt getrimmte Perspektiven und kahle Magistralen, die für nichts anderes gebaut scheinen als für Militärparaden und das Schaulaufen vergreisender Diktatoren. Die Lehmziegelbauten der Altstadt sind erfolgreich abgetragen worden. Geblieben sind zwei alte Moscheen und bröckelnde Medresen – das sind Internate für Koranschüler – sowie ein stalinistisches Opernhaus. Es gibt einen offiziellen Palast des Volkes und einen inoffiziellen: den zentralen Basar voll geraspeltem Gemüse, fliegenumschwärmten Lammhaxen und gezimmerten Babywiegen mit Abflussloch sowie Ösen zum Anketten der Kleinen.

Chiwa. Das staubige Kaff ist das Rothenburg ob der Tauber der Seidenstraße: von dicker Stadtmauer umgeben, im musealen Zustand konserviert und flächendeckend mit Touristen besetzt. Einheimische Schulklassen und pakistanische Pilgergruppen schleppen sich durch die Gassen aus Lehmziegeln, möchten Cola und wissen nicht, was sie sonst hier sollen. Bis vor 1870 war Chiwa das blühende Zentrum des mittelasiatischen Sklavenhandels. Jetzt dürfen Familienväter nur noch Ansichtskarten und bestickte Kappen verkaufen, nicht mehr ihre Töchter, jedenfalls nicht offiziell. Die rundlichen Mütter quellen scharenweise und insektenhaft aus schattigen Winkeln und wedeln mit fabrikneuen Seidentüchern. Der Quadratkilometer Altstadt ist schnell durchschritten: hier ein bröckelndes Mausoleum, dort ein Turmstumpf, ein Minarett, eine Säulen-Halle, ein paar Höfe und gemauerte Gräber. Und überall Souvenirs. Abends toben Folkloregruppen durch sogenannte Privatrestaurants und machen den Schuhplattler nach Art Dschingis Khans.

Kyzylkum und Karakum. Von Taschkent nach Chiwa kann man fliegen. Von Chiwa nach Buchara und Samarkand geht es nur noch per Bus. Während der Schlaglochfahrt scheppert die Klimaanlage so beharrlich, dass das Herunterleiern von Daten und Namen durch den Reiseleiter wohltuend übertönt wird. Die Vorhänge vor den Fenstern lassen sich zum Teil noch zuziehen. Das ist erholsam. Für den Wüstennomaden mag Sand hundert verschiedene Namen haben, und Distel mag nicht gleich Distel sein, jede Ziege ihre Persönlichkeit haben, jedes Maultier seinen eigenen Gesichtsausdruck – für den Reisenden, der acht Stunden lang daran vorbeigeschaukelt wird, sieht alles nervtötend gleich aus. Es hat einen Namen: Seidenstraße. Bei den Pausen mit kurzem Hinkauern hinter Kleingebüsch empfiehlt sich die Mitnahme von Sandproben. Kyzylkum- (rötlich) und Karakum-Sand (schwärzlich) lassen sich für fünf Euro pro Gramm bei ebay versteigern. An Geologen, die schon wissen, warum sie keine Lust haben, selbst herzukommen.

Buchara. Armselig, aber besser als Wüste. Buchara hatte seine große Zeit, als chinesische Seide hier umgeschlagen wurde und der Herrscher der Stadt («Khan») ausländische Gäste als «Spione» eigenhändig hängen, ritzen, schlitzen, quetschen und aufschneiden durfte. Solche Methoden werden heutzutage nur noch privat und für den illegalen Organhandel angewandt. Für Touristen ist Buchara eine risikolose offene Stadt mit dem üblichen Ensemble aus Koranschule, Moschee, Minarett und Pilgerherberge – ein

RIO DE JANEIRO

Ensemble, das entlang der Karawanenroute überall gleich aussieht, weil die Baumeister keine Lust hatten, sich jedes Mal etwas Neues einfallen zu lassen. Das Beste an solchen Bezirken sind die fototauglichen Perspektiven, die Bänke im Schatten und die türkisfarbenen Kuppeln, die eine Sehnsucht nach etwas ausdrücken, das Mittelasien vermisst: Meer. Buchara hat nur ein Wasserbecken, um das abends farbige Lampions glühen. Im Innenhof daneben wird Abendessen plus Folklore und Modenschau geboten. Außerhalb der Stadt drohen nur ein heilkräftiges Heiligengrab (im Uhrzeigersinn umschreiten) und ein geldspendender Baum (unter dem gefallenen Stamm durchkriechen).

Samarkand. Dieser ruhmreichen Stadt geht es wie Patagonien oder Timbuktu: Der Ort kann unmöglich halten, was der mythische Name verspricht. In Samarkand tobt großstädtischer Verkehr, die historischen Stätten liegen weit auseinander, dazwischen brodeln Abgase. Der Registan mit drei symmetrisch erbauten Pracht-Medresen ist von der Liste des Weltkulturerbes gestrichen worden, weil die Restauratoren ihn zu bunt herausgeputzt haben. Den weniger pingeligen Reisenden stört das nicht. Er flieht vielmehr, wenn bei Dämmerung mit viel Geflacker und Geschepper eine *Licht-und-Ton-Show* beginnt, die in wechselnden Sprachen auf Platz und Wände projiziert wird. Die Stadt bietet außerdem noch ein Mausoleum, das auf Anhieb vertraut wirkt – es ist das unbekannte Original der berühmten Kopie, des Taj Mahal. Und eine marmorne Gräberstraße namens Shah-i-Zinda mit fünfhundert Jahre alten Mausoleen, Bogengängen und überkuppelten Gedenkstätten. In einer davon ist ein Haar des Propheten bestattet. Aus Mangel an weiteren Highlights werden Touristen meist noch ins *Museum der Stadtgeschichte* geführt, eine Folge trübe beleuchteter Räume voller Pfeilspitzen, zwischen denen Museumswärterinnen selbstgebastelte Kettchen und Armbänder verkaufen.

SEIDENSTRASSE

So wird man lästige Mitreisende los

Wer sich vorübergehend redseliger Begleiter entledigen möchte, schafft das am einfachsten bei der Besichtigung von Nekropolen, Moscheen, Mausoleen. Hilfreich sind dabei die überall herumschleichenden Händlerinnen, die sich von hinten anpirschen, sobald vorn der staatliche Reiseleiter zum Vortrag ansetzt. Ein verschwörerischer Fingerzeig auf den lästigen Mitreisenden und ein bestätigendes Kopfnicken sagen den buntgewickelten Frauen: Dieser Mann oder diese Frau will unbedingt die neuesten Angebote für Seidentücher, bestickte Kappen und Brillenetuis kennenlernen! «Seien Sie beharrlich, legen Sie sich ins Zeug!», bringen wir mimisch zum Ausdruck. Unser Mitreisender wird den Rest der Besichtigung im Abwehrkampf zubringen, wie abends gegen die stechenden Insekten. Wir filmen mit. Er wird nicht umhinkommen, mindestens eine Kappe zu erwerben, deren spezifisches Stickmuster ihn als usbekischen Stammesangehörigen ausweist. Wir geben ihm etwas dazu. Das ist eine gute Möglichkeit, die dreckigsten usbekischen Geldscheine loszuwerden. Die einheimische Währung namens *Sum* kennt als höchsten Schein den Wert Zehntausend. Das sind fünf Euro. Höherwertige Scheine gibt es nicht. Weil der meistverbreitete Schein sogar nur fünfhundert Sum wert ist (25 Cent), sind nach dem ersten Geldwechsel alle Taschen voll. Zehn Euro ergeben vierzig Sum-Scheine. Eine andere Möglichkeit, die schweißigen und übel riechenden Lappen loszuwerden, ist ein Gang über irgendeinen Markt mit Probieren der zahlreichen Varianten von Käsebällchen. Nicht wir probieren, sondern unser lästiger Mitreisender, den wir großzügig einladen. Den Rest der Reise übersteht er stumm und bleichgesichtig nur mit Hilfe von Kohletabletten und Imodium.

SEIDENSTRASSE

Typisch Seidenstraße

Der große Diktator. Timur der Große, auch Tamerlan genannt, gilt entlang der Seidenstraße als größter Führer aller Zeiten. Tatsächlich war er der erfolgreichste Völkermörder seiner Epoche. Um das Reich seines Vorfahren Dschingis Khan zu erneuern, ließ er alle störenden Stämme umbringen und nur deren beste Handwerker überleben. Er war Mongole, wurde jedoch sechshundert Jahre später zum Vater der Turkvölker umgetauft. In Form monumentaler Denkmäler beherrscht er die wichtigsten Plätze und Parks Usbekistans. Zum Seidenstraßen-Pflichtprogramm gehört ein Besuch des Timur-Museums in Taschkent, einer monströsen Andachtsstätte. Prunk und Despoten-Kitsch gehen hier eine schweißtreibende Verbindung ein. Timurs Geburtsstadt Shahrisabz zwischen Buchara und Samarkand ist ein Provinznest, aber ebenfalls zur Besichtigung vorgeschrieben. Dort gibt es Reste eines eingestürzten Triumphbogens und ein Heldendenkmal des Führers, vor dem Hochzeitspaare für Fotos posieren. Ein scheintoter Nachfahre des Tyrannen regierte bereits zu Sowjetzeiten als Parteisekretär und anschließend als Präsident das Land. In allen demokratischen Wahlen hat er neunzig Prozent der Stimmen gewonnen. Die restlichen zehn Prozent waren ungültig.

Russen. Es gibt sie noch, aber es werden weniger. Vor hundertfünfzig Jahren wurde Usbekistan (damals noch mit anderen Steppenödnissen zu Turkistan zusammengefasst) Kolonie des Zaren, später Sowjetrepublik. Die Nachfahren der Kolonisatoren und eingewanderte Russen leben heute überwiegend in Taschkent und im einzig erholsamen Stadtteil von Samarkand. Das Russenviertel dort glänzt mit Jugendstilarchitektur und Bädercharme, mit gepflasterten Platanenalleen und Springbrunnen, die von den Zaren für ihre Verwalter angelegt wurden. Die Russen bilden eine Art Bürgertum im proletarischen Usbekistan. Doch es zieht sie zurück ins Land ihrer Vorfahren. Von ihrem kolonialen Eifer bleibt noch einiges zu erkennen: Kellnerbrigaden in den Hotels, eine funktionierende Infrastruktur, rollende Eisenbahnen, die Alphabetisierung, ein Schulsystem. Die sowjetischen Herrscher stülpten dem Land auch völlig Kulturfremdes über, zum Beispiel die Gleichberechtigung der Frau und die Heraufsetzung des Heiratsalters von 12 auf 18 Jahre. Mit beidem geht es jetzt wieder abwärts und zurück zur ersehnten Ursprünglichkeit.

Unverdauliche Landesspezialitäten

Eigentlich sollte die Küche der Seidenstraße vielfältig sein, bereichert um türkische, persische, indische, mongolische, russische Einflüsse. Neben Kirgisen, Kasachen, Tadschiken blieben mehr als zwanzig verschiedene Völker oder Stämme an der Route hängen und ließen ihre Karawanen weiterziehen. Doch die begabten Köche zogen ebenfalls weiter, samt ihren Rezepten und Gewürzen. Geblieben sind geraspelte oder säuerlich eingelegte Gemüse, dicke Bohnen, rote Beete, zerhackte Kohlstrünke, Kartoffeln und ausgekochtes Hammelfleisch, alles ungewürzt. Reisende beschränken sich gewöhnlich vom zweiten Tag an auf Fladenbrot und Reis und riskieren als Luxus ein paar gesalzene Aprikosenkerne. Wichtigstes Überlebensmittel ist der weiße Tee. Während schwarzer und grüner Tee lieblos aufgebrüht werden, gilt dem *weißen Tee* alle Aufmerksamkeit. Er wird immer kühl serviert. Denn es handelt sich um Wodka unter Decknamen. Vor dem Essen soll er die Magenwände schützend auskleiden, nach dem Essen den Durchflug der Scheußlichkeiten beschleunigen. In letzter Zeit wird auch vermehrt motorentauglicher Bioalkohol als Wodka serviert. Vom dritten Tag an spielt das keine Rolle mehr.

Das reicht für das Expertengespräch

Ist die Seidenstraße noch ein Handelsweg? Na ja. Nicht mehr für Seide, Jade, Keramik und Lackarbeiten aus China und auch nicht für Edelsteine und Glas in die andere Richtung. Aber für Drogen. Leider greifen die Länder immer noch zu drastischen Strafmaßnahmen. Proteste westlicher Regierungen gegen erlesene Foltermethoden halten sich in Grenzen. Besonders Usbekistan wird geschont, weil der Herrscher die Stationierung westlicher Truppen duldet oder vielmehr teuer bezahlen lässt. Sie brechen von der Südgrenze ins benachbarte Afghanistan auf. Darf das sein?, lautet unsere Zauberfrage zum Einstieg in einen tiefschürfenden Seiden-Abend. Weiter: Im fruchtbarsten Landstrich entlang der berühmten Route, im Ferghana-Tal, kommt es immer wieder zu islamistischen Unruhen. Die Ex-Sowjetrepubliken wirken ansonsten weltlich und kommen ohne Burka und Tschador aus. Wird das, soll das so bleiben? Wir heben bedenklich die Brauen. Und schließlich der Höhepunkt unserer engagierten Ökodebatte nach dem Motto: Es ist fünf nach zwölf. Der Aralsee im Nordwesten des Landes ist mittlerweile um vier Fünftel geschrumpft. Seine Reste bewässern immer noch die im Sozialismus angelegten Baumwollplantagen. Touristen gelangen nicht an den auch von Kasachstan angezapften Aralsee, machen sich aber umso lieber Sorgen: Wie lange wird das noch gehen? Oh, oh, oh! Dazu setzen wir unser besticktes Stammeskäppi auf und zeigen Fotos von der absolut seidenfreien Piste.

SEIDENSTRASSE

Das meinen Kenner

«Wie langweilig, ja geradezu unerträglich das gesamte Leben in den Städten!»
  – FRANZ VON SCHWARZ,
    ASTRONOM IN TASCHKENT

«Die einzige Zerstreuung, die ich beobachten konnte, war, dass man an Basartagen Häftlinge vom Minarett stürzte; an der Zahl ließ sich die Laune des Herrschers ablesen.»
  – HENRI MOSER, KAUFMANN

«Vor der Festung Buchara geköpft zu werden ist wahrscheinlich das Beste, was einem die Seidenstraße bieten kann.»
  – CHARLES STODDART, HANDELSVERTRETER

MALEDIVEN

Vor ein paar Jahren wurde noch herumposaunt, die Malediven würden untergehen. Die flachen Inseln im Schutz von Korallenriffen südwestlich von Indien seien dem Anstieg des Meeresspiegels nicht gewachsen. Inzwischen haben sich derartige Prognosen als trügerisch erwiesen. Nicht nur schmelzen die Polkappen langsamer als erhofft. Die ehemals bedrohten Atolle wachsen sogar. Dieses Wunder ist erst durch den Massentourismus möglich geworden, der nicht nur viele Bauten erfordert und deshalb eine Menge nützlichen Bauschutt produziert; sondern dessen Versorgung obendrein tonnenweise Müll abwirft. Mit Bauschutt und Müll haben die umweltbewussten Insulaner bereits eine Lagune gefüllt und so eine neue Insel geschaffen – *Thilafushi*.

Weitere solche Eilande sind in Planung. Durch Ausbaggern und Sandpumpen werden die vorhandenen Inseln bereits in ansprechende Form gebracht und um Landebahnen bereichert. Die vorhandenen Korallenriffe erweisen sich als solide Baubasis, wenn sie ein wenig verstärkt werden, was durch das präzise Einführen von Kadmium, Quecksilber und Blei geschieht. Sogar das bislang oft kritisierte Knirschen der Korallen hat sich durch das sensible Einleiten von Altöl weitgehend abstellen lassen. Dass dabei vorübergehend die Wasserqualität leidet, lässt sich nicht völlig vermeiden. Doch gibt es mittlerweile genügend Pools, für welche das nötige Süßwasser durch effiziente Entsalzungsanlagen herbeigeschafft wird. Niemand muss hier noch im Meer baden. Taucher begegnen unter Wasser allerdings nur noch ihresgleichen. Ein beliebtes Mitbringsel bleiben die Haiflossen und Haigebisse. Im Einklang mit der Natur werden die Haie nach dem Abschneiden der Flossen oder nach Gebissentnahme ins Meer zurückgesetzt, wo ihnen, wie der Ministerpräsident des sympathischen Inselstaates versichert, ein friedlicher Lebensabend beschieden ist.

AUSTRALIEN UND OZEANIEN

AUSTRALIEN

Wer vieles gesehen hat, dem reicht es meist noch nicht», stellte der Reiseschriftsteller Bill Bryson fest. «Erst wer alles gesehen hat, wird bemerken, dass er nichts hätte sehen müssen.» Dieses Erlebnis – jetzt reicht's, bringt eh alles nichts – ereilt Europäer häufig in Australien. Nur die ganz Hartnäckigen müssen danach noch nach Neuseeland. Was bietet Australien? Auf jeden Fall Sonne. Ob das Ozonloch nun gerade wächst oder kleiner wird: Über Australien klafft es immer und am schädlichsten zur Mittagszeit. Man zieht sich ins klimatisierte Hotel zurück oder schnorchelt an Riffs entlang, um die unaufhaltsame Zerstörung der Unterwasserwelt zu beklagen.

Gewöhnlich beginnt die Reise in **Sydney**, wo es bekanntlich ein Opernhaus gibt. Man fotografiert dessen vielschnabeliges Dach von einer Hafenrundfahrt aus. Die Akustik wird von Freunden des Hauses als problematisch bezeichnet. Falls ein abendlicher Besuch geplant ist: Im Parkett kann man jeweils auf den Plätzen 25 und 26 der Reihen A bis E gut hören. Alle anderen haben die Möglichkeit, die Aufführung per Kopfhörer mitzuverfolgen. Und das war's eigentlich auch schon. Natürlich gibt es in Sydney noch ein paar Einkaufsstraßen und Bürotürme und Wohnhäuser, auch ein Aquarium und ein Kneipenviertel namens *The Rocks*, wo Einheimische und Gäste bei Starkbier gemeinsam zu vergessen trachten, dass sie sich in Australien befinden.

Melbourne, das sich selbst für *pulsierend* hält, wirkt auf einige Touristen tröstlich, vor allem auf britische, weil sie sich hier für einen Augenblick in der Illusion wiegen können, sie seien in England. Es gibt ein paar englisch wirkende Parks und einen Botanischen Garten und sogar einen Victorian Market, wo allerdings extrem unenglische Spezialitäten angeboten werden wie Känguru-Spoon-Pie (Pastete mit unerforschlichem Ragout), Krokodil in Mangosoße und Rattle Snake in Bierteig.

Leibhaftige Kängurus hüpfen um den nächsten Anlaufpunkt, die Wüstenstadt **Alice Springs**. Alice Springs wird als Metropole des Outback vermarktet, was Bewohner wie Reisende nicht daran hindert, nur einen einzigen Wunsch zu hegen: weg.

Als Highlight wird der **Ayers Rock** angepriesen, der von ethnisch bewussten Europäern *Uluru* genannt wird. Das ist der Name, den die Aborigines dem roten Fels gegeben haben, der nach ihrer Erkenntnis vibrierende göttliche Energie ausstrahlt. Auf jeden Fall ist er so eisenhaltig, dass er bei Regen rostet. Eine halbe Million Touristen will ihn jedes Jahr sehen, und zwar in den gemäßigten Monaten, was die Einrichtung quadratkilometerweiter Parkplätze erforderte. Statt den Fels zu besteigen, was auch nicht hilft, empfehlen sich ein kühles Getränk und der Erwerb des T-Shirts «I Climbed Ayers Rock».

Engagierte Besucher widmen sich anschließend den ungelenken Felsmalereien und dem Aborigines-Kulturzentrum. Hier geht es um gefährdete indigene Sitten der Aborigines wie die Beschneidung von Frauen mit Steinwerkzeugen oder das Vorrecht der Stammesältesten, Kinder mit den Wonnen der Sexualität bekannt zu machen. Nebenan werden Rundflüge über den Rock angeboten, die eine distanzierte Sichtweise ermöglichen.

Eine Australien-Rundreise schließt eine in jedem Fall zu lange Fahrt mit der historischen Eisenbahn ein und den unvermeidlichen Besuch des **Great Barrier Reefs**. Bei Hai-Alarm empfiehlt sich ein motorisierter Katamaran. Vorurteilsfreie Gäste können beim

Tauchen und Schnorcheln hautnah Bekanntschaft machen mit so seltenen Tieren wie der Blauring-Krake, der Würfelqualle oder der Seewespe. Nur Feiglinge ziehen sich ins touristische Semi-Sub-Boot zurück und beobachten durch dicke Fensterscheiben, wie es bei den Mutigen unmittelbar nach der Berührung mit den Nesseltieren zu Krämpfen und Herzstillstand kommt.

Gäste aus Europa sind am Barrier Reef und im Tjapukai-Regenwaldpark dafür bekannt, dass sie den Australiern erklären, wie sie beides retten können. Zum Beispiel durch den Abbau von Kohlekraftwerken. Immer wieder gern gehört wird bei den Einheimischen die Touristen-Mahnung: «Sie hier blasen pro Kopf mehr schädliche Klimagase in die Atmosphäre als die USA!» Auch mit Belehrungen zum nachhaltigen Umgang mit künstlicher Bewässerung, etwa im Weinbau, machen sich europäische Gäste bei den Australiern nachhaltig beliebt. «Ihr Kakadu-Nationalpark wird sonst verdorren!»

Es ist faszinierend und geradezu provozierend, dass die Australier fast bis zum letzten Augenblick freundlich bleiben. Als Mitbringsel empfehlen sich Boomerang, Didgeridoo und ein eingeschweißtes Filet vom Krokodilschwanz.

NEUSEELAND

Laut einer Umfrage des New Zealand Tourism Board wissen Reisende bei der Ankunft noch, warum sie hierhergefahren sind. Bei der Abreise wissen sie es nicht mehr. Es gibt einfach keinen Grund. Alles sieht so aus wie in Europa, nur dass es sich auf der anderen Seite der Kugel befindet, aber das macht den Trip nur langwieriger und teurer, nicht spannender.

Wer zuerst die Nordinsel besucht, hofft auf die Südinsel. Wer zuerst die Südinsel besucht, auf die Nordinsel. Die ist ungefähr so groß wie die neuen Bundesländer. Drei Millionen Leute, allesamt ziemlich britisch, gehen sich hier nach Möglichkeit aus dem Weg. Es gibt ganz oben die Schnarchstadt **Auckland** mit einem verödeten Hafen und einem beklagenswerten Nationalmuseum. Drei Stunden südlich davon dampfen einige Thermalquellen und blubbernde Geysire im **Rainbow Springs Nature Park** bei Roturoa. Es stinkt gewaltig. In der Nähe wurden Teile des *Herr der Ringe* gedreht. Alle Darsteller sollen großzügigst entschädigt worden sein. Reisenden bleibt nur die Flucht auf eigene Kosten. Nochmal drei Stunden nach Süden ist das Ende der Insel erreicht in der Hauptstadt **Wellington**, die wiederum über einen kleinen Hafen verfügt und auch ein Museum hat. Das war der Action-Teil von Neuseeland.

Die Südinsel, geringfügig größer, beherbergt knapp eine Million Einwohner, die sich nicht aus dem Weg zu gehen brauchen. Sie sehen einander so gut wie nie. Auch hier ist es grün und gebirgig, sogar schroffer. Während die Nordinsel Irland ähnelt, erinnert die Südinsel an die unwirtlichen Zonen Norwegens, vor allem um die Milford Sounds. Das sind Fjorde, in die sich gelegentlich Wale verirren. Im **Mount-Cook-Nationalpark** gibt es Gletscher und Berge, die niemand ersteigen möchte. Im beschaulichen **Christchurch** ist noch ein wenig englische Kolonialarchitektur zu sehen, und in der Nähe von **Queenstown** gibt es endlich die Möglichkeit zum Bungeejumping, das ja angeblich hier erfunden wurde. Und zwar von den Maori. Die Ureinwohner nutzten das Bungeeseil aus Lianen für Initiationsriten und gleichzeitig als Möglichkeit, unliebsame Stammesmitglieder für immer in der Schlucht zu versenken. Heute trinken die Maori lieber Alkohol, um zu vergessen. Dank eines gütigen Gens wirkt er bei ihnen erheblich schneller.

Wichtige Treffpunkte des geselligen Leben sind auf beiden Inseln die Tankstellen, die Supermärkte, die Fish-and-Chips-Shops und der Abreiseschalter am Flughafen in Wellington.

OSTERINSEL

Niemand, der die Osterinsel besucht hat, gibt gern zu, dass es überflüssig war. Dafür war die Anreise einfach zu lang. Die Insel, in der Eingeborenensprache *Rapa Nui* genannt, gehört geographisch zu Polynesien, politisch zu Chile. Von Santiago bewältigt ein Flugzeug die dreieinhalbtausend Kilometer über den Pazifik in fünf Stunden. Kreuzfahrtschiffe kommen dreitausend Kilometer aus Tahiti.

Die Insel ist weitgehend baumlos. Als die Ureinwohner noch im Einklang mit der Natur lebten, fällten sie nach und nach alle Bäume, um Häuser und Boote zu bauen. Heute wird behutsam wieder aufgeforstet, unter anderem, um die barackige Bebauung unter Blättern und Buschwerk verschwinden zu lassen. Viertausend Einwohner auf einer Fläche, die halb so groß ist wie Bremen, empfangen während des europäischen Winters siebzigtausend Touristen. Sie verkaufen ihnen selbstgeschnitzte Moais und Vogelmannskulpturen und zeigen ihnen die einzige Attraktion der Insel: die sonderbaren Steinskulpturen, eben Moais, die auf Fotos so viel eindrucksvoller wirken als im Original. Es waren etwas mehr als sechshundert, und die meisten umgestürzt, als Entdecker Thor Heyerdahl die Insel vor fünfzig Jahren berühmt machte. Seither sind die größten und am wenigsten beschädigten von einer japanischen Kranfirma wieder aufgerichtet worden, die dafür überall auf großflächigen Werbeständern Reklame macht.

Die Funktion der steinernen Glatzenmänner, die ihre Hände in Hosentaschen zu vergraben scheinen, ist zum Glück nicht geklärt. Denn so lassen sie sich als *Rätsel der Osterinsel* vermarkten. Tatsächlich fühlen sich überdurchschnittlich viele Esoteriker von dem kostspieligen Trip angezogen. Sie hoffen, hier etwas göttliche Energie aus dem Stein zu schöpfen. Die Skulpturen sehen alle nervtötend gleich aus. Wer eine gesehen hat, hat alle gesehen. Am Hang des erloschenen Vulkans Rano Raraku stehen oder liegen einige hundert davon wie Bauschutt im Gelände. Der einzig eindrucksvolle Punkt ist die Zeremonialstätte Ahu Tongariki, wo abtrünnige Insulaner geköpft oder verspeist wurden, unter den Augen jener fünfzehn aufgerichteten Steinfiguren, die jetzt am Meer stehen und auf die nächsten Abtrünnigen zu warten scheinen. Hier werden die berühmten Fotos gemacht. Wem die Kamera versagt, für den halten die Insulaner zehnfachen Ersatz bereit.

Das war es. Es gibt natürlich noch die Möglichkeit, die Figuren im Gegenlicht zu fotografieren, auch bei Sonnenaufgang und bei Sonnenuntergang. Und bei trübem Himmel, der hier am häufigsten ist. Auf dem Mercado warten die Mitbringsel: hier und in China geschnitzte Moai-Figuren in Gartenzwerggröße. Ebenfalls beliebt: der sogenannte Vogelmann, ein Menschenleib mit Vogelkopf, der allen Fruchtbarkeit und Vermehrung garantiert. Nur nicht den einzigen, die ihn verehren, den Insulanern. Sie sind bis auf eine kleine Schar mit der Zeit verblichen oder ausgestorben. Und das ist das Beste, was man auf dieser Insel tun kann.

1000 ORTE ALPHABETISCH

Abu Simbel 112
Acapulco 151
Accademia 68
Afghanistan 181
Agadir 119
Aguas Calientes 159
Ägypten 108
Ägyptisches Museum 113
Ahu Tongariki 200
Akropolis 89
Aksaray 101
Alabastermoschee 113
Alcatraz 149
Alcázar 82
Aldabra 130
Alexandria 115
Alhambra 82
Alice Springs 195
Allee von Luxor 110
Alma-Tunnel 18
Almería 79
Alphonse 132
Alt-Neu-Synagoge 45
Altstädter Brückenturm 47
Altstädter Ring 42
Anatolien 90
Andalusien 81
Ankara 100
Antalya 100
Antinori-Palast 54
Aralsee 188
Arc de Triomphe 16
Arches-Nationalpark 153
Arizona 153
Assuan 112
Astronomische Uhr 43
Athen 87
Atlantik 127

Auckland 197
Auferstehungskirche 41
Australien 194
Aventin 62
Ayers Rock 195

Bab Agnaou 118
Badaling 171
Bahamas 35
Bali 13
Baptisterio 54
Barrio Santa Cruz 82
Basar Istanbul 93
Battersea Park 28
Bay Area 150
Beijing 168
Berkeley 150
Berlin 59
Berlin-Mitte 138
Bernsteinzimmer 41
Beyoğlu 96
Big Ben 26
Bird Island 132
Blaue Moschee 92
Bloomingdale's 143
Boboli-Gärten 55
Bocca della Verità 62
Bombay 151
Bosporus 93
Botanischer Garten Kapstadt 128
Boulevard Haussmann 21
Bowery 140
Branitz 172
Brighton 32
British Museum 27
Broadway 140
Bronx 138
Brooklyn 138

1000 ORTE ALPHABETISCH

201

Bryce Canyon 153
Buchara 183
Buckingham Palace 26
Buda 50
Budapest 50
Bulgarien 96
Burgviertel 51

Caelius 62
Café New York 51
Café Slavia 46
Caledonian Canal 36
Camino Inca 161
Campanile 67
Campanile Fiorentino 55
Canal Grande 67
Canyon de Chelly 154
Canyonland-Nationalpark 153
Cape-Point Nationalpark 128
Caracalla-Thermen 62
Casablanca 119
Castle of Good Hope 128
Cavusin 102
Central Park 145
Centre Pompidou 17
Centro de Arte Reina Sofia 76
Champs-Élysées 16
Cheddar 30
Chemnitz 138
Cheops-Pyramide 109
Chephren-Pyramide 109
Chichén Itzá 156
Chile 199
Chinatown San Francisco 150
Chinatown New York 140
Chinesische Mauer 170
Chiwa 182
Chora-Kirche 94
Christchurch 198
Chrysler Building 141

Circus Maximus 62
City of London 26
City of Westminster 26
Colmar 23
Copacabana 164
Corcovado 164
Córdoba 82
Cornwall 33
Corralejo 122
Costa Rica 36
Cousin Island 132
Curieuse 132
Cuzco 158

Dänemark 37
David-Statue 52
Denis Island 132
Desroches 132
Disneyland 150
Djemma el-Fna 119
Dogenpalast 67
Dolmabahce-Palast 92
Dom Knigi 41
Donau 50
Dorsoduro 72

East River 138
Edfu 111
Edinburgh 35
Eguisheim 23
Eiffelturm 15
El-Bahia-Palast 118
Elephantine 112
Elsässer Weinstraße 22
Empire State Building 141
Engelsburg 63
Erechtheion 89
Erfoud 120
Erg Chebbi 120
Erstein 23
Escorial 76

1000 ORTE ALPHABETISCH

Esquilin 63
Estatua Carlos III 75

Ferghana-Tal 188
Ferry Building 149
Fès 118
Fifth Avenue 141
Financial District 139
Fischerbastei 50
Fisherman's Wharf 149
Florenz 52
Fontana di Trevi 61
Forum Romanum 59
Frari-Kirche 69
Freiheitsdenkmal 51
Freiheitsstatue 142
Fuerteventura 122

Galata 96
Galatabrücke 95
Galataturm 91
Galeries Lafayette 19
Galleria degli Uffizi 54
Galleria dell'Accademia 68
Gambling Addiction Treatment
   Center 33
Gamla Stan 38
Garachico 122
Gellert-Bad 51
General Electric Building 141
Generalife 83
Gerberviertel 23
German Center 178
Geschichtsmuseum Peking 170
Getty Museum 150
Gibraltar 117
Giralda 82
Giudecca 72
Gizeh 109
Glasgow 35
Goldene Gasse 44

Goldener Meilenstein 59
Goldenes Horn 90
Golden Gate Bridge 149
Golden Gate Park 150
Golgatha 60
Gomera 123
Göreme 100
Granada 82
Gran Canaria 122
Grand Canyon 154
Grande Sœur 132
Great Barrier Reef 195
Greenwich 30
Greenwich Village 140
Gribojedow-Kanal 41
Ground Zero 140
Guggenheim-Museum N Y 141
Guggenheim-Museum Venedig
   68
Gur-Emir-Mausoleum 184

Hagia Sophia 91
Haight Ashbury 148
Halle des Volkes 170
Harlem 141
Harrod's 27
Hatschepsut-Tempel 111
Hattusa 100
Heldenplatz 51
Highlands 35
Himmelstempel 172
Hippodrom 94
Hodenhagen 125
Hoher Atlas 120
Hohkonigsburg 23
Hollywood 151
Hongkong 169
Horus-Tempel 111
Hotel Ritz 18
Hradschin 44
Huayna Picchu 160

1000 ORTE ALPHABETISCH

Hudson River 138
Hunawihr 23

Ihlara Canyon 101
Imperial Café 46
Indischer Ozean 127
Inka-Pfad 161
Ipanema 164
Irland 197
Isaakskathedrale 41
Isenheimer Altar 23
Isla Sorna 36
Istanbul 90

Janustempel 59
Jerez 82
Jüdischer Friedhof Prag 45

Kairo 113
Kaisergräber 171
Kakadu Nationalpark 196
Kanarische Inseln 121
Kap der Guten Hoffnung 128
Kapitolshügel 59
Kappadokien 99
Kapstadt 127
Karakum-Wüste 183
Karibik 13
Karlsbrücke 43
Karnak 110
Kasachstan 188
Kasbah von Marrakesch 119
Katakomben 62
Katharinenpalast 41
Katz's Delicatessen 146
Kaysersberg 23
Kempinski Beijing 178
Kenia 124
Kettenbrücke 51
Khan-el-Khalili-Basar 113
King's Cross 28

Kleinseite 45
Kolosseum 59
Kom Ombo 111
Konfuzius-Tempel 175
Königsstädte 117
Konstantinopel 90
Konya 101
Kopenhagen 37
Koutoubia-Moschee 118
Kreuzberg 138
Kukulkan-Pyramide 156
Kurie Rom 59
Kyzylkum-Wüste 183

La Defense 18
La Digue 131
Lake Nakuru 124
Lamatempel Peking 173
Land's End 33
Lanzarote 123
Las Gaviotas 122
Las Vegas 159
Lima 158
Little Italy 140
Loch Ness 36
Lombard Street 149
London 25
London Bridge Experience 27
London Canal Museum 28
London Eye 27
Los Angeles 150
Los Cristianos 122
Los Gigantes 122
Louisiana-Museum 37
Louvre 17
Lower East Side 140
Lüneburg 76
Lüneburger Heide 125
Luxor 110

1000 ORTE ALPHABETISCH

Machu Picchu 159
Macy's 143
Madame Toussaud 27
Madison Avenue 141
Mahé 130
Mailand 56
Malaga 86
Malediven 190
Manhattan 138
Mao-Mausoleum 170
Markusdom 67
Markusplatz 67
Marmarameer 90
Marokko 117
Marrakesch 118
Massai Mara 124
Mathiaskirche 50
Medici Riccardi 54
Meknès 118
Melbourne 194
Mesquita 82
Métro 1 20
Metropolitan Museum 141
Mezquita 85
Milford Sound 198
Ming-Gräber 171
Mittelasien 181
Montmartre 18
Montparnasse 15
Monumento a Felipe III. 75
Monumento Vittorio Emanuele 62
Moskau 41
Mount-Cook-Nationalpark 198
Murano 71
Musée d'Orsay 17
Musée d'Unterlinden 23
Museo de Jamon 76
Museo Thyssen-Bornemisza 76
Museum of Modern Art 141
Museum Samarkand 184
Muskau 172

Mutianyu 171
Mykerinos-Pyramide 109

Namibia 128
Nasser-Staudamm 112
Neapel 56
Nebelwald von Machu Picchu 161
Neppstädter Rathaus 42
Neuf-Trois-Vorstädte 19
Neuseeland 197
Newa-Sümpfe 40
Newski-Prospekt 41
New York 138
Nike-Tempel 89
Nil 114
Nine-Eleven-Museum 140
Nordinsel Neuseeland 197
Norwegen 198
Notre-Dame 17
Notting Hill 28
Nubien 112
Null-Kilometerstein 75

Oakland 150
Ollantaytambo 159
Oper St. Petersburg 41
Oper Sydney 194
Orient-Haus 96
Osterinsel 199
Österreich 50
Oxford Street 27

Pacific Coast Highway 150
Palacio de Cristal 77
Palacio Real 75
Palastmuseum Peking 169
Palatin 62
Palazzo Rucellai 54
Palazzo Vecchio 53
Palermo 56
Pamirgebirge 181

Pamukkale 102
Pantheon 61
Pão de Açúcar 164
Paolo fuori le Mura 61
Park Avenue 141
Parque del Buen Retiro 77
Parthenon 89
Patagonien 184
Paulaner Brauhaus 178
Pazifik 148
Peking 168
Peking-Oper 174
Penzance 33
Père Lachaise 17
Peru 157
Pest 50
Petersburg 40
Petersdom 60
Petersplatz 63
Peter-und-Paul-Festung 41
Petrified Forest 153
Philae 111
Piazzale Roma 66
Piazza Navona 60
Piccadilly Circus 26
Pico del Teide 121
Piramide 63
Pitti-Palast 54
Place de la Concorde 16
Place de l'Étoile 16
Plantation House 132
Platz des Himmlischen Friedens 169
Playa del Ingles 123
Plaza Mayor 74
Polynesien 199
Ponte di Rialto 67
Ponte Vecchio 54
Pont-Neuf 18
Portobello Road 28
Prado 76
Prag 42

Prager Burg 43
Praslin 131
Prince Street, New York 146
Printemps 19
Propyläen 89
Protestantischer Friedhof Rom 63
Puerta del Sol 75
Puschkin 40
Putucusi 160
Pyramiden von Gizeh 109
Pyramiden von Sakkara 110

Queens 138
Queenstown 198
Quirinal 62

Rabat 118
Rainbow Springs Nature Park
    197
Rajastan 13
Rakuczi 51
Ramses-Tempel 112
Rano Raraku 200
Rapa Nui 199
Rarotonga 14
Registan 184
Reichenweier 23
Remscheid 138
Retiro Parque 77
Rialtobrücke 68
Rio de Janeiro 164
Riquewihr 23
Rive Gauche 18
Rockefeller Center 140
Rom 58
Ronda 81
Rosenborg Slot 37
Rothenburg ob der Tauber
    182
Rotterdam 66
Roturoa 197

1000 ORTE ALPHABETISCH

Royal Pavillon 32
Russenviertel Samarkand 186

Sacré-Cœur 18
Safaripark Stukenbrock 125
Sakkara 109
Saks Fifth Avenue 143
Salisbury 31
Samarkand 184
San Clemente 61
San Francisco 148
San Giovanni in Laterano 61
San Marco 71
San Pietro in Vincoli 61
San Zanipolo 69
Santa Maria del Fiore 53
Santa María de la Sede 82
Santa Maria del Popolo 61
Santa Maria della Salute 68
Santa Maria in Aracoeli 61
Santa Maria in Cosmedin 62
Santa Maria Maggiore 61
Santiago de Chile 199
Santuary Lodge 161
Schärengarten 39
Schleswig-Holstein 33
Schottland 34
Scuola San Rocco 69
Seidenstraße 181
Sevilla 82
Seychellen 130
Shah-i-Zinda 184
Shahrisabz 186
Shanghai 169
Shisanling-Mausoleen 171
Sieben Hügel 62
Simatai 171
Simbabwe 128
Şişli 96
Sixtinische Kapelle 60
Skansen-Museum 39

Skärgård 39
Skywalk 154
SoHo, South of Houston 140
Somalia 124
Sonnentor der Inka 161
Souks von Meknès 118
Source d'Argent 132
South Street Seaport 144
Spanische Treppe 61
Spas na Krowi 41
Sphinx von Gizeh 109
St. Ives 33
St. Paul's Cathedral 26
St. Pierre 132
Staten Island 143
Stazione Termine 63
Stockholm 38
Stonehenge 31
Strahov-Kloster 47
Straßburg 23
Südafrika 127
Sudan 112
Südinsel Neuseeland 197
Sultan-Ahmed-Moschee 92
Sultanahmet-Platz 94
Sultanhani-Karawanserai 101
Sunset Boulevard 152
Sydney 194
Syrien 181

Tafelberg Kapstadt 127
Taita Hills 124
Taj Mahal 184
Taksim 96
Tal der Könige 110
Tanger 120
Tansania 124
Taschkent 182
Taurus-Gebirge 103
Tempel des schlafenden Buddha
    175

1000 ORTE ALPHABETISCH

207

Teneriffa 121
Terrakotta-Armee 171
Teutoburger Wald 125
Theben 110
Themse-Ufer 27
The Rocks, Sydney 194
Thilafushi 190
Tian-An-Men-Platz 170
Tiantan Beijing 172
Timbuktu 184
Times Square 140
Timur-Museum 186
Tivoli 37
Tjapukai Aboriginal Cultural Park 196
Todraschlucht 120
Toledo 76
Topkapi-Palast 92
Torremolinos 86
Tower 26
Trastevere 63
Tribeca 144
Trump Tower 141
Tschechien 42
Turckheim 23
Türkei 90
Turkistan 186
Turkmenistan 181

U Fleku 48
Uffizien 54
Uluru Rock 195
Uluru-Kata Tjuta Cultural Center 195
Ungarn 50
UN-Gebäude New York 141

Uppsala 39
Usbekistan 181
Utah 153

Valle Gran Rey 123
Vasa-Museum 38
Vatikanische Gärten 60
Veitsdom 44
Venedig 66
Verbotene Stadt 169
Victoria (Seychellen) 131
Victorian Market Melbourne 194
Viminal 62
Vysehrad 46

Walk of Fame 152
Wall Street 139
Weißes Haus 169
Wellington 197
Wenzelskapelle 44
Wenzelsplatz 45
Westminster Abbey 26
Whispering Gallery 27
Wien 50
Wladislaw-Saal 44
World Trade Center Site 140
Wörlitz 172

Yerebatan-Saray 94
Yiheyuan 172
Yonghe Gong Beijing 173
Yukon 13

Zentralasien 181
Zhōnghuá Rénmín Gònghéguó 179
Zuckerhut 164